Susan Lawrence

Reeperbahngeflüster

Pikante Geschichten von Nr. 77

Reeperbahngeflüster

Susan Lawrence

Reeperbahngeflüster

Pikante Geschichten von Nr. 77

Input Verlag

Bibliografische Information der Deutschen Nationalbibliothek
Die Deutsche Nationalbibliothek verzeichnet diese Publikation in der Deutschen Nationalbibliografie;
detaillierte bibliografische Daten sind im Internet über http://dnb.d-nb.de abrufbar.

Susan Lawrence: Reeperbahngeflüster – pikante Geschichten von Nr. 77
Fotos: Ralf Plenz, Hamburg
Eine **Vorzugsmappe** mit 6, 12 oder 24 signierten Fineartprints der Fotos in 30 x 42 cm und dem signierten Buch gibt es bei Schuh-Messmer, Reeperbahn 77, 20359 Hamburg oder beim Input-Verlag sowie im Buchhandel
(ISBN: 978-3-941905-95-5, 978-3-941905-96-2 und 978-3-941905-97-9)

Verlag: Input-Verlag, Blankeneser Landstr. 63, 22587 Hamburg
Tel.: 040/60 92 26 04, Fax: 040/86 39 64
Internet: www.input-verlag.de www.reeperbahngeflüster.de
E-Mail: info@input-verlag.de

ISBN 978-3-941905-41-2
Bildbearbeitung, Satz und Layout: Ralf Plenz, Input-Verlag, Hamburg
Schrift: Rotis in diversen Schnitten auf Apple Macintosh-PC
Druck: offset24.com Frankfurt
Coverdesign: Ralf Plenz

Inhalt

Foto: privat

Susan Lawrence

77 aus 77 erzählt (Vorwort)

Ute ist die 77. Auszubildende in einem besonderen Schuhhaus in Hamburg, St. Pauli, denn wie es die Vorsehung so will, ist die Postanschrift Reeperbahn 77. Und wenn 77 aus 77 erzählt, fantasiert, fragt und beobachtet, dann schlackere ich als Inhaberin manchmal doch mit den Ohren. Anekdotenreich ist auch die Geschichte des Schuhladens. Seit 1844 hat Schuh Messmer (vormals Witt & Söhne) verschiedene Besitzer gehabt, aber das ist nur eine kleine Geschichte am Rande, die ein andermal erzählt werden könnte.

Ute ist hellwach, fragt viel und ihre Beobachtungsgabe und Unternehmenslust ist manchmal beängstigend. Schläft sie auch ausreichend, frage ich mich des Öfteren. Als Inhaberin leite ich dieses Geschäft, bin aber als Einkäuferin oft in Italien. Merkwürdigerweise kommen mir Utes besonders aufregende Geschichten immer dann zu Ohren, wenn ich wieder zurück im Laden bin.

Zwar könnte ich selbstverständlich so einiges erzählen, manchmal gar Unglaubliches, aber Utes Geschichten, die sie mir nach Abschluss ihrer Ausbildung gesammelt per E-Mail mit extrem vielen Verdrehungen und auch in ganz eigenwilliger Grammatik zukommen ließ, sind so lesenswert, dass ich ihr bei einigen Geschichten den Vortritt lasse.

Zu Messmer in Nr. 77 kommen alle Schichten, Leute aus der ganzen Welt, aber auch Leute vom Land. Man könnte denken, dass diese Menschen beim Geschlechtsverkehr noch immer das Licht ausdrehen oder gar vorher beim Pastor um Erlaubnis fragen, damit sie ja nichts falsch machen. Ganz amüsant ist es schon, wenn ehrbare Ehemänner „mal ganz schnell etwas erleben möchten", „die Gunst der Stunde nutzen", „mal ganz schnell eine Runde im Puff vorbeischauen", „warum nicht in der Mittagspause ein Nümmerchen schieben", „das alles hat doch Niveau" und immer wieder fällt der Satz: „Das merkt doch niemand: Man ist ja schließlich auf St. Pauli."

Auszubildende Nr. 77 ist ihrer Wege gegangen, ich bin nach wie vor auf der Reeperbahn im Herzen von St. Pauli, die auch die sündige Meile genannt wird. Ich handle mit Schuhen – alles, was gebraucht wird: modische gewöhnliche Schuhe, aber auch solche mit besonderen Eigenschaften wie sexy oder sadomasochistische Schuhe (die sind mit Nieten beschlagen, und es gibt sogar solche mit Ringen, ähnlich wie Handschellen um die Fesseln zu schließen, was die Lust beim Sex steigert – ja diese Schuhe sind ganz wichtig in Nr. 77). Natürlich dürfen wir nicht verschweigen, dass auch Schuhe, nein Damenschuhe, in extremen Größen bis 46 für Männer immer beliebter werden und ständig mehr davon gebraucht werden. Ist hier mittlerweile die Welt ein wenig auf den Kopf gestellt? Oder zieht dieser Laden wie ein Magnet die Exoten aus anderen Regionen besonders an?

Sie können sich vorstellen, lieber Leser, was da so alles abgeht – auch mittwochnachmittags, wenn die Arztpraxen geschlossen sind, oder nachmittags, wenn die Lehrer zu Hause sind –, da kann dann so etwas passieren, was mein Lehrling Ute mir glaubhaft versichert hat. Oder ging die Fantasie doch manchmal mit ihr durch? Übrigens sind die künstlerischen Fotos in diesem Buch nicht von ihr. Dessen bin ich mir sicher.

Manch Stiefel rettet eine Ehe

Es ist Wochenende, ein ganz normaler Tag im Jahr, denn die Öffnungszeiten dieses besonderen Schuhgeschäfts sind auch an diesen Tagen bis 20 oder 22 Uhr. Sie bringen es mit sich, dass viele Pärchen die Gelegenheit für einen gemeinsamen Einkauf nutzen. Gelegentlich werden sogenannte Betthupferl zusammen ausgesucht, probiert und es wird über diese besonderen Schuhe diskutiert. In diesen eher leiser geführten Gesprächen geht es besonders bei sehr biederen Typen um Sex, da merkt man, wie wichtig doch bestimmtes Schuhwerk für die gemeinsamen Stunden daheim sein kann.

Einer Landwirtin, nennen wir sie Frau Landschön, empfahl die Verkäuferin vor längerer Zeit ein paar schwarze, lange Stiefel mit silbernen Haken. Diese enden erst an ihrem „Paradiesplatz“, verriet Frau Landschön schmunzelnd bei einem erneuten Besuch im Schuhladen. Eigentlich seien sie damals viel zu teuer gewesen, sie hätte es aber als Investition in die Zukunft gesehen. Denn im Laufe der ersten drei Jahre hätten sie sich sehr nützlich gemacht.

Wie das? Immer wenn sie besondere Lust überkommt, obwohl ihr Mann abgearbeitet ist oder wenn bei ihr besondere Wünsche anstehen – vom schicken Sommerkleid bis zur neuen Eingangstür fürs Bauernhaus, von der ihr Mann aber nichts hören will –, holt sie die langen Stiefel aus dem Versteck: Dann zieht sie sich zusätzlich raffinierte Dessous an, und macht ihn damit ganz wild und glücklich. Danach ist er erst einmal wieder zu allem bereit.

Sie lachte verschmitzt und winkte ab: „Wissen Sie, bevor er zu den leichten Mädchen geht, mache ich's doch lieber selbst, da weiß er, was er hat, und ich schaffe gelegentlich gleich das an, was neu gebraucht wird." Nur eines Tages hatten wir ein Problem, der eine Stiefel hatte sich etwas und der andere sogar etwas mehr aufgelöst und beide mussten zur Reparatur nach Italien. Die Zeit ging dahin und die beiden Kunden liefen mir die Tür ein, fragten mehrfach nach den „guten Stücken", die jedoch ließen auf sich warten. Jedes Mal, wenn ihr Mann nach der Ankunft der reparierten Stiefel fragte, war zu bemerken, wie enttäuscht er das Geschäft verließ, weil er ohne Stiefel blieb.

Endlich war es so weit, die „frisch Renovierten" kamen aus bella Italia zurück und binnen weniger Stunden kam Frau Landschön, um ihr Betthupferl abzuholen. „Glauben Sie mir, ohne diese fast hüfthohen Stiefel wäre unsere Ehe nicht ganz so beständig, denn damit halte ich meinen Mann im Hause. Die letzte stiefellose Zeit war eine harte Prüfung, aber jetzt ..." – sie grinste über ihr rotes, gesund aussehendes Gesicht – „jetzt läuft es wieder, da bin ich mir sicher".

Man kann sie sich gut vorstellen, ihre glücklichen Augen, wenn sie wieder die langen Stiefel mit nach Hause bringt. Liebe geht eben nicht nur „durch den Magen", sondern sie nimmt auch andere Wege. Das alte Sprichwort zieht nicht mehr.

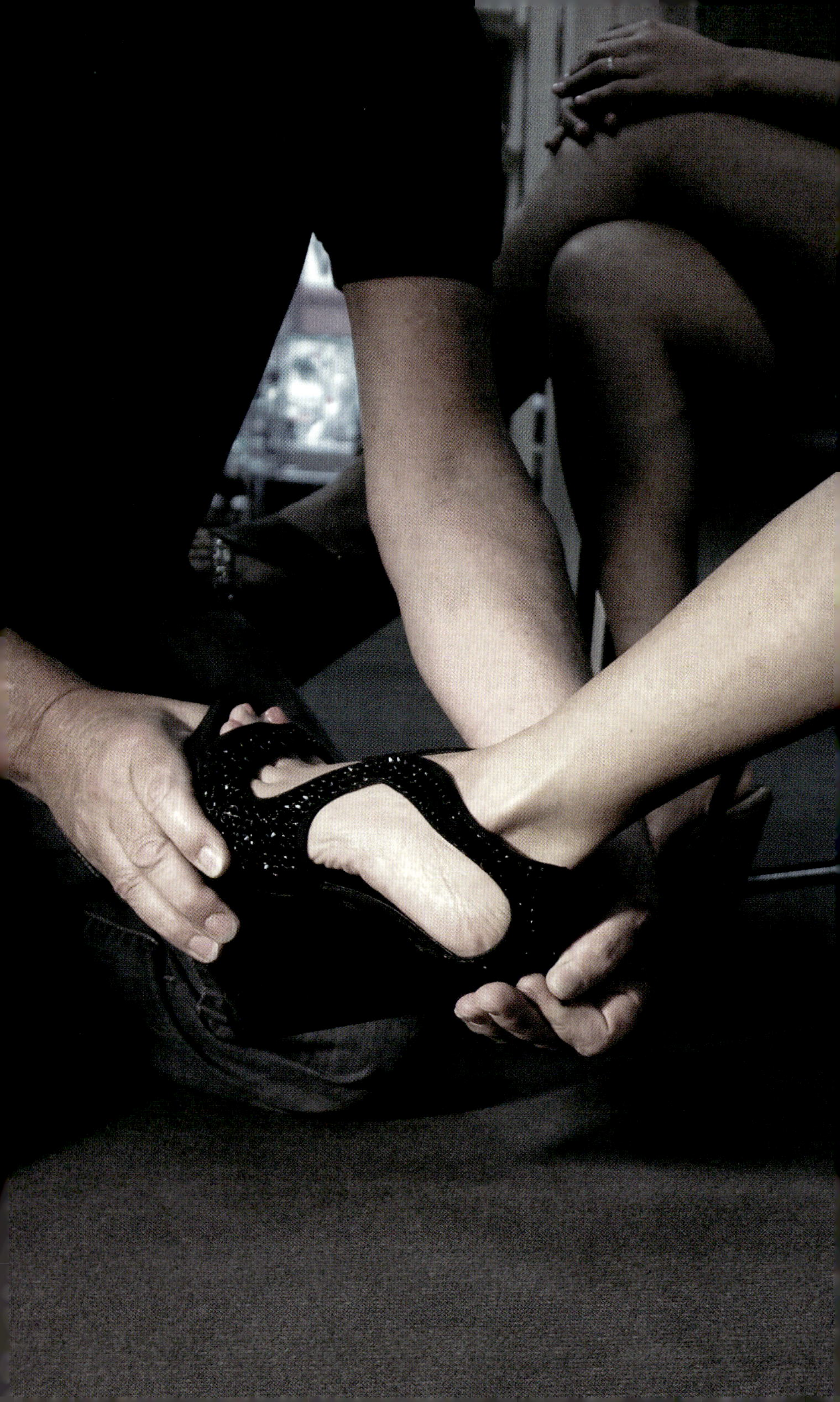

Utes Lehrer

Ein Telefonanruf aus der Herbertstraße – in Hamburg sagt man statt Bordell auch Puff zu den Häusern dieser Straße – kann spannende Geschichten nach sich ziehen. Diese Straße hat Sichtsperren an Ein- und Ausgang mit dem Schild „Frauen unerwünscht". Sie ist eines der Zentren des „ältesten Gewerbes der Welt".

An diesem Nachmittag kam der Anruf von Anita, Haus 12, sie brauche ganz dringend für einen Gast (man nennt ihn auch Freier) ein Paar rote Stiefel. Sie sollen ganz lang und aus **rotem Lackleder** sein. Genau solche werden gebraucht, sonst klappt „es" bei diesem Gast nicht. Wir liefern sofort direkt ins Haus. Ute, mein Lehrmädchen, war gleich bereit, in Nr. 12 zu gehen, um alles vor Ort zu erledigen. Wahrscheinlich war sie auch neugierig, doch als sie zurückkam, war sie sehr aufgeregt. Denn sie hatte ihren Berufsschullehrer in der Straße gesehen, er verhandelte sogar an einem Fenster (darin sitzen die Mädchen, um ihre Dienste anzupreisen), sie hatte ihn also dort verhandeln sehen. Da ihr Lehrer gute Manieren – wie Ute immer betonte – besonders schätzt, habe Ute mindestens dreimal gegrüßt, doch keine Antwort erhalten, das fand sie sehr komisch.

Ich gab ihr den Rat, ihn beim nächsten Schulbesuch dezent darauf anzusprechen. Ute berichtete später wörtlich: „Stellen Sie sich vor, ich wollte ihn allein sprechen, doch das lehnte er ab, er meinte, das könnten wir **gleich hier an Ort und Stelle klären.**"

„Nun gut, Herr Lindemann, warum haben Sie, als ich Sie gestern Nachmittag mehrfach grüßte, einfach weggesehen? Ich weiß doch, dass Sie mich erkannt haben. Oder möchten Sie unsere Begegnung in der Herbertstraße, dem Treffpunkt für interessierte Männer, lieber vergessen?“ Utes Lehrer wurde dann doch etwas rot, wand sich ein bisschen und wollte die klare Frage nicht direkt beantworten. Dass er fast fluchtartig das Klassenzimmer verließ, glaube ich nicht so ganz, denn so schnell verliert ein Pädagoge seine Fassung nicht. Sicher versuchte er noch etwas über „Recherchen an einem sozialen Brennpunkt“ zu erzählen, denn das berichtete Ute 14 Tage später auf meine **erneute Nachfrage**.

Recht glaubwürdig klang allerdings, dass Herr Lindemann von Ute und ihren Freundinnen seitdem hinter vorgehaltener Hand nur noch Herbert genannt wurde.

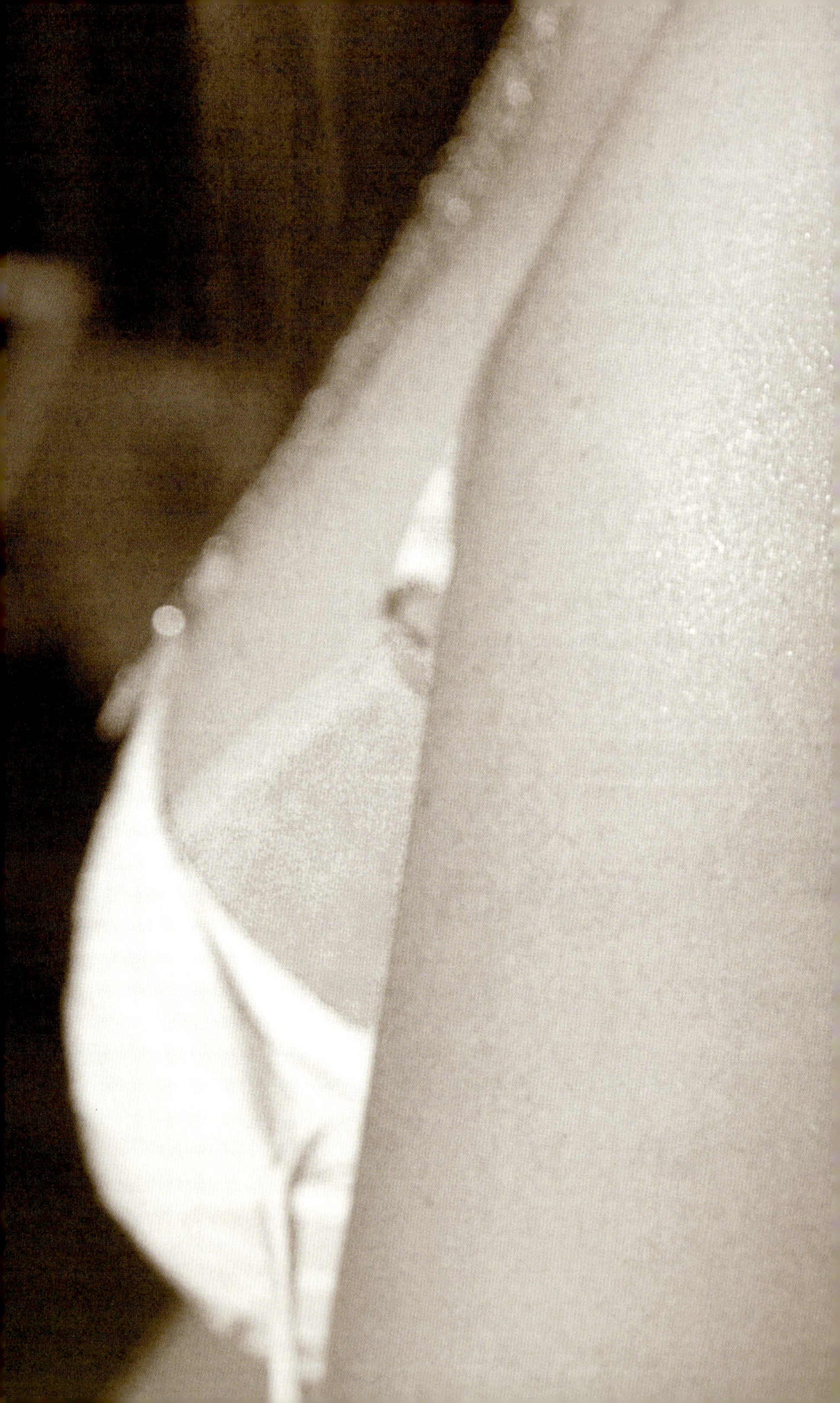

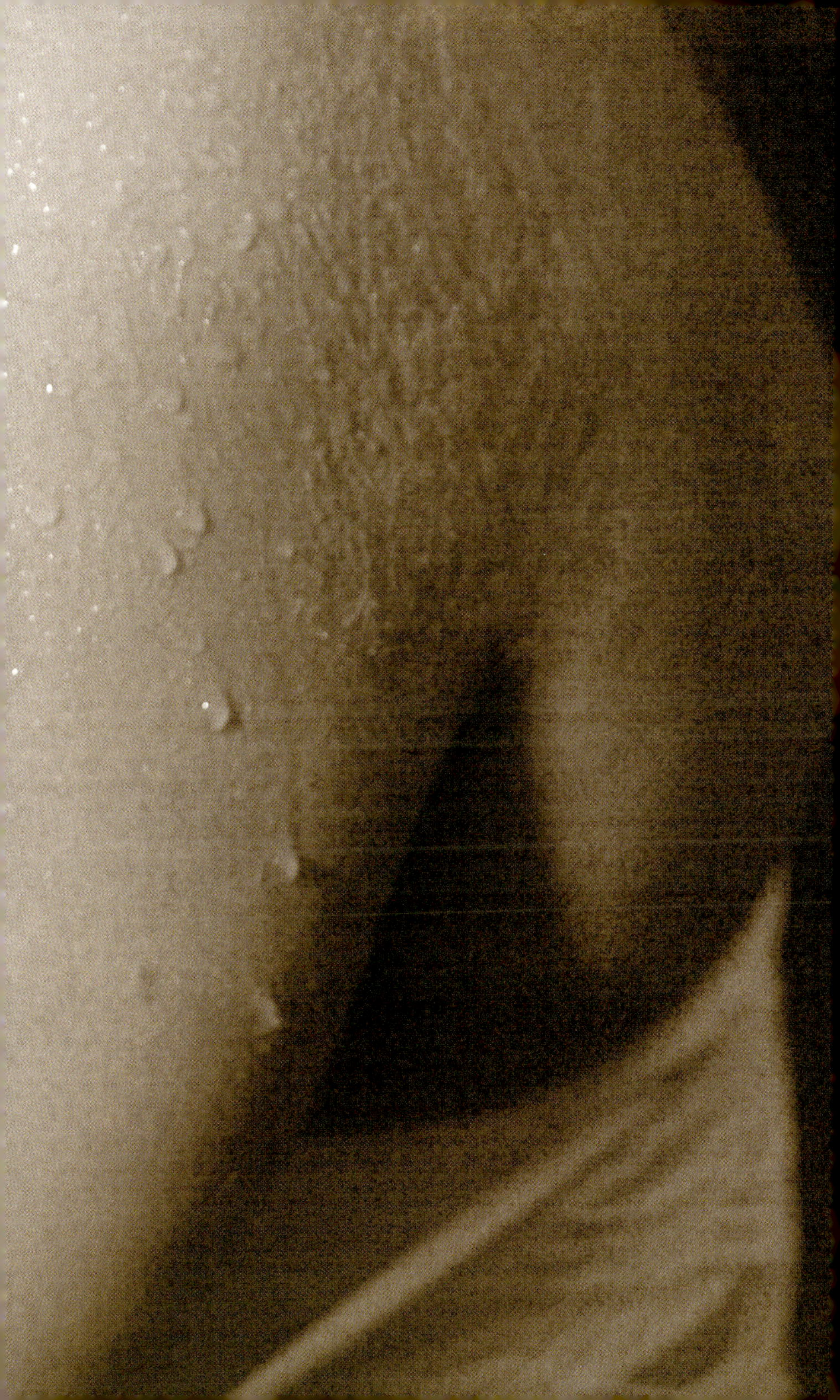

Rebeccas besondere Gäste

Rebecca ist nicht mehr ganz jung, auffallend schön auch nicht, aber eine beliebte Person, denn Rebecca ist Domina und schon sehr lange im Geschäft.

Rebecca lobt die guten alten Zeiten: „Die waren ja viel spannender, viel ehrlicher. Das Geld floss in Strömen, die Sklaven und Freier waren großzügig, es gab Geschenke, man hatte manchen Gast mehrere Tage im Haus, man konnte mit ihm einkaufen, sogar auf Reisen gehen – fast alles war möglich. Das brachte immer sehr viel Geld."

Rebecca hat ein geheimnisvolles Domizil in Hamburg. Manchmal sitzt sie in einem schönen großen Fenster, so kann sie die Straße wunderbar überblicken. Das ist ganz wichtig, um diese sexhungrigen und an besonderen Dienstleistungen interessierten Herren schon vorab zu sortieren.

Rebecca ruft dann gelegentlich im Schuhgeschäft an, wenn wieder etwas nicht so richtig klappt, O-Ton Rebecca: „Wenn das Ding nicht steht oder wenn für gewisse Spielchen noch etwas gebraucht wird." Dann schlägt sie Alarm und ein Mitarbeiter ist mit entsprechendem Schuhwerk zur Stelle.

An diesem Tag nun waren rote Lackstiefel gefragt, aber Rebecca hatte keine da. Ich dachte mir: „Also zack, zack, Stiefel untern Arm und ab in die Wunschkammer." Das Fenster war nicht besetzt, das heißt, es gibt etwas zu tun. Nachdem ich nun die alten Stiegen bis in den oberen Bereich überwunden hatte, hörte ich ein Gemurmel, wie: „Das kann doch nicht sein, warum will das Ding nicht stehen, einmal rutscht es nach links, dann wieder nach rechts, ich glaube, wenn er die Stiefel anzieht, ist alles o.k.“

Nachdem Rebecca mich begrüßt hatte, erklärte sie mir flüsternd: „Seine Mutter hat ihn öfter als kleinen Jungen ins Bett gebracht, da hat sie Lackstiefel getragen, und stell dir vor, wenn er nicht schlafen wollte, gab es Schläge auf den nackten Hintern. Das mochte er sogar, das ist geblieben, das ist heute sein Fetisch.“

Ich wagte einen Blick auf den Gast und traute meinen Augen nicht. Da stand ein großer dicker Mann im Babydress und sein „Ding“ hing aus einem Schlitz heraus wie eine Bratwurst, die in die Pfanne will. Gierig griff er nach den Stiefeln, jauchzte und verschwand im Hinterzimmer.

Das Licht war schummrig und halbdunkel in diesem Hinterhaus. Irgendwie war es fast eine mystische Atmosphäre, schon die abgenutzten Treppenstufen waren zum Stolpern geeignet. Aufpassen ist angesagt im Dunkeln. Ich dachte mir: „Na ja, hier ist es ‚anders'. Hier werden Gelüste befriedigt, die in heimischen Schlafzimmern keine Chance haben.“

Ich ging auf Rebeccas Anregung hin über den Flur weiter und erschrak beim plötzlichen Anblick eines großen Käfigs, den man eventuell für einen Affen benutzen könnte. In dem Käfig hockte zusammengedrückt ein dicker, kräftiger Mann, splitternackt. Er hatte ein Halsband mit Stahlspitzen um, sicherlich kann man daran ziehen, bis es schmerzt, bewegen konnte er sich kaum, zu gering war der Platz für ihn. „Du armes Viech“, dachte ich, „was für eine Strafe, darin zu sitzen.“

Rebecca lachte über mein Erstaunen, ihre Lache ist laut und dunkel im Klang. Whisky und Zigarren, glaube ich, prägen ihre kräftige Stimme und sie sagte zu mir: „Er wird hart bestraft für schlechtes Benehmen. Kein Wasser, kein Brot, ab und zu ein paar Hiebe auf sein bestes Stück." Sein bestes Stück hatte schon eine ausladende Größe und reichte fast bis zur Käfigtür. Der Mann hatte eine kleine Maske auf den Augen, so dass er mich **nur hören** konnte. „Ein Glück", dachte ich, „so kann er mich wenigstens nicht erkennen."

Rebecca sprach ihn an und fragte: „Du weißt, warum du dadrin bleiben musst, oder …?" „Ja, Herrin, ja, ich weiß." Und so ist bei Rebecca richtig was los, der eine sitzt im Käfig, der andere wird ans Kreuz gehängt, man kann nur staunen, was so alles beliebt ist. Manchmal werden mehrere gleichzeitig bearbeitet, da kommt man schon ins Schwitzen.

Mittlerweile schwitzte ich auch, darum bin ich dann bald wieder in das normale Leben zurückgegangen, in das „Paradies der Schuhe".

Rebecca erzählte mir später: Dies sei nur ein winziger Teil der gelebten, ausgefallenen Wünsche und Träume ihrer Kunden. Aber was noch so alles passieren könnte, wollte sie mir nicht verraten. Jeder hat da sicher seine ganz eigene Fantasie.

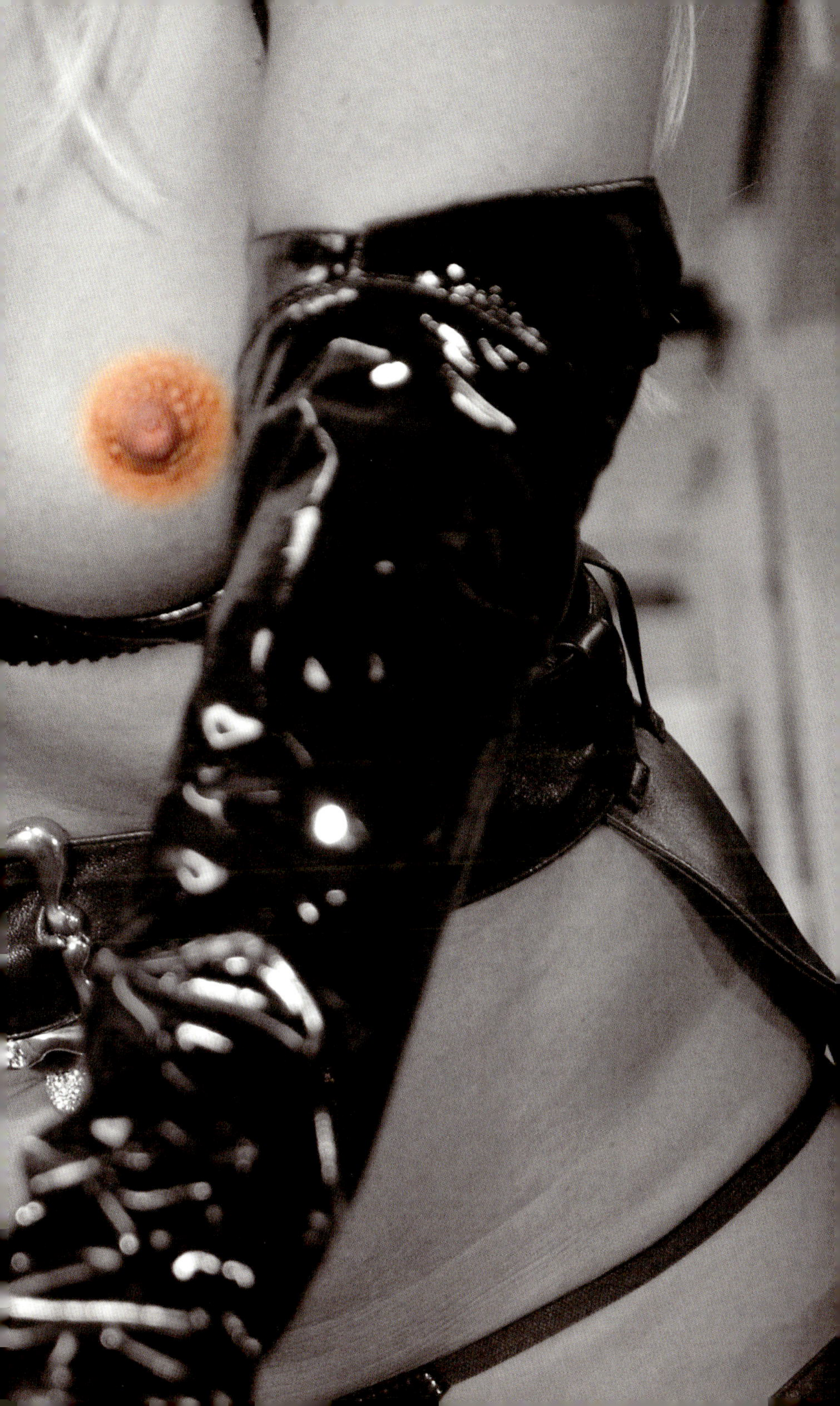

Hans im Glück

Ein schöner Tag, in Hamburg-St. Pauli strahlt die Sonne. Strahlend kommt Babsi, eine schlanke Schönheit, aus einem der Bordelle, mit einem rotbäckig aussehenden und bäuerlich wirkenden Herrn: Er trägt grobe Kleidung, die braunen geschnürten Halbschuhe wirken ungeputzt. Er geht brav zwei Schritte hinter Babsi hertrottend ins Schuhgeschäft.

„Hallo, darf ich dir Hans vorstellen? Er ist mein Verlobter, ist er nicht süß? Ich finde, er ist so toll.“

Ja, sie hatte Recht, Hans war toll – toll, wie er dastand: etwas zusammengefallen, etwas übernächtigt, aber sehr bemüht, sich aufrecht zu halten. Hans versuchte, auch seine Mundwinkel in Form zu bringen, um ein Lächeln auf seinen Lippen als Frischverlobter und natürlich frischverliebter Mann zu zeigen. Das also war Hans, der „Vorzeigemann“.

Babsi erklärte, sie habe mit Hans die ganze Nacht Verlobung gefeiert, es war eine echte Liebesnacht und Hans hätte auch einiges springen lassen, fast alles an Scheinen, wie sie in seinem Portemonnaie schon vorsorglich geprüft hätte. Das Leben sei teuer, besonders wenn plötzlich zwei Personen von einem Konto leben wollen. Aber Hans habe da keine Bedenken, er schaffe das schon, denn schließlich käme er vom Land, da packt man fest an, vor allem weiß man, was man will. Und man weiß, was man hat.

Was Hans nun noch hatte, wollte er für seine neue Verlobte auch noch springen lassen, hundertachtzig Euro waren noch in seinem Besitz, und die legte er sofort auf den Ladentisch, bereitwillig und großzügig.

Hans streichelte Babsi über ihren kleinen festen Hintern, tätschelte ihren großen Silikonbusen und küsste ihren Schwanenhals. Fast meinte man, er grunzte leise wie ein Schwein, das besonders glücklich ist.

Babsi rollte mit ihren Kulleraugen und sagte, zur Seite geneigt, etwas gelangweilt: „Ja, ist ja gut, der Hans kriegt nie genug“, und schob den ganzen Hans ein bisschen zur Seite. Die Verkäuferin konnte beiden nur bestätigen: „So ein schönes und glückliches Paar sieht man selten.“

Hans sehe so glücklich aus wie „Hans im Glück“. Doch das Glück war schon vorbei, als Babsi mit ihren Wunsch-Stiefeln den Preis des Glücks kundtat, dreihundertneunundneunzig, fast vierhundert Euro sollten die guten Stücke kosten. Guter Rat war teuer, woher nehmen und nicht stehlen?

Die Inhaberin des Schuhgeschäfts wollte gerade einen Kauf mit zwei Ratenzahlungen anbieten, als sie sah, wie Babsi ihrem Hans befahl, alle Taschen auszuräumen. Hosentaschen wurden ausgerollt, hingen schlaff runter mit dem Futter nach außen Richtung Boden. Auch die Hemd- und Jackentaschen, alles wurde durchsucht. Nichts, nichts war mehr da, kein müder Euro mehr. Babsi ist leicht genervt: „Da muss doch noch was sein, irgendwo, ich weiß das genau.“

Hans wurde abgetastet wie bei einer Leibesvisite, dennoch grinste er genussvoll und ließ alles über sich ergehen. Nun schon richtig erbost befahl seine Verlobte im strengen Ton „Hose runter“ und schaute in die Unterhose, ob da vielleicht noch ein Scheinchen steckte. Nichts auf weiter Flur außer seiner Manneskraft. Sie war enttäuscht, er im Glück. Er strahlte noch immer, oder schon wieder?

Aber er strahlte nicht mehr lange, denn der Befehl, die Schuhe auszuziehen, machte ihn sehr ernst und hochnervös. „Los, ausziehen", kam Babsis erneuter Befehl. Sie nahm seinen Schuh und griff hinein, doch ohne Erfolg.

Babsi gab nicht auf. Doch dann geschah das Unerwartete, ein Wunder. Nicht ein Wunder, sondern ein sehr klein zusammengerollter Fünfhunderteuroschein kam zum Vorschein, ganz in der Spitze des Schuhes war er versteckt.

Hans war leichenblass, Babsi sehr wütend: „Du Schuft betrügst schon in der Probezeit, dafür zahlst du noch ein Paar Schuhe dazu." Hänschens Fünfhunderter wurde „bis aufs Skelett" kleingemacht, nur einen Rest für ein Taxi nach Hause durfte er behalten, dann war das frischverlobte Paar fort.

Es sah nun sehr danach aus, als wenn Hans nicht mehr im Glück sei und es ihn in letzter Sekunde verlassen habe.

Der Professor und sein Kleidchen

Ein neuer Tag, ein neues Paar. Nein, nicht ein Paar Schuhe, sondern ein Ehepaar geht in diesem besonderen Schuhgeschäft schnurstracks auf hochhackige „sexy shoes“ zu. Sie sind über die goldfarbigen Verzierungen des Oberteils sehr erfreut.

Schnell wird das Richtige für die Dame gewählt. Die Verkäuferin fragt nach weiteren Wünschen und schaut dabei freundlich auf den lächelnden Begleiter. Dieser reagiert mit angemessener Stimmlage: „Ach wissen Sie, in meiner Größe wird es schon schwierig.“ Das wiederum kommt der Verkäuferin unwahrscheinlich vor, denn im Herrenbereich ist dieses Geschäft gut aufgestellt. Außerdem erscheint ihr der Herr keineswegs „übergroße“ Füße zu haben.

„Nein, nein“, wehrt er ab, „was soll ich in der Herrenabteilung, ich brauche etwas für privat. In meinem Job als Professor für Psychologie kann ich nicht die Schuhe tragen, die ich privat liebe. Wenn ich abends nach Hause komme, ziehe ich mein Kleidchen an, dazu meine hochhackigen Pumps, dann fühle ich mich richtig wohl und kann mich entspannen.“

Ohne eine Miene zu verziehen, überreicht die Verkäuferin diesem besonderen Kunden die passenden hochhackigen Sandaletten. Er sieht danach tatsächlich sehr entspannt und zufrieden aus.

Ungefähr eine Woche später rief er an – er wollte ein High-Heels-Treffen bei sich zu Hause vorschlagen und dabei die Schuhe in Kombination mit seinem Kleid vorführen. Das ist jedoch ganz klar ein No-Go. Geschäft und Privatleben sind immer noch zwei verschiedene Paar Schuhe.

Hallo, hier ist Corinna

Bei manchen Personen, denen ich zum ersten oder zweiten Mal begegne, bin ich mir seltsamerweise unsicher: Soll ich lachen oder staunen? So ging es mir bei Arno, er ist ja ein interessanter Typ, groß, schlank, er hat einen schönen Körperbau. Darüber hinaus hat er ein tolles, anziehendes Lachen, seine makellosen Zähne strahlen, wenn er den Mund aufmacht. Ja, Arno hat alles, was Frauen mögen, charmant ist er auch noch, ja wirklich sehr charmant.

Arno arbeitet in der Landwirtschaft, seine genaue Tätigkeit kannte ich zunächst nicht. Ist er vielleicht Jäger oder Hebamme für Tiergeburten? Wirklich, Arno ist ein „Entbindungsmann für Lämmer". Vor einiger Zeit brachte er einen Rehbraten mit. „Schrecklich", dachte ich, „das arme Reh!" Schon der Gedanke daran, diesen Braten essen zu müssen, sorgte für ein unangenehmes Gefühl in meinem Magen, ich bin Vegetarier.

Arno kaufte ein Paar Cowboystiefel, klein waren sie nicht, denn Arno lebt auf riesigen Füßen. Mit diesen Stiefeln neu beschuht spazierte er nun nach Hause. Beim Hinausgehen meinte er, dass die nächsten Tage wieder neue kleine Lämmer auf die Welt kämen, ich rief besorgt hinterher: „Bitte keines mitbringen."

Was mir etwas verspätet auffiel: Arno schaute sehr angetan und interessiert nach High Heels für Damen, ich dachte mir noch: „Nun denn, er scheint ein Schuhfetischist zu sein – ist ja nichts Neues, das kennt man schon, das hab ich schon oft genug erlebt."

Etwa zwei Wochen später, an einem Wochenende mit langen Öffnungszeiten und turbulentem Tag im Schuhgeschäft, an dem eher „schräge Vögel" kommen, betrat eine besondere Dame in wundersamer Kleidung den Ort des Geschehens. Super-super-kurzer Minirock, dazu lange Haare – es war eine Perücke, die leider etwas zu schief auf dem Kopf saß – der tiefe Ausschnitt der Bluse, es gab so einiges zu sehen. Besonders fiel mir als Fachfrau auf, dass die schwarz bestrumpften Beine aus strammen Waden bestanden, es sah etwas lustig aus. Um das Ganze zu krönen, sollte ihr „Objekt der Begierde" aus schönen Schuhen bestehen, leuchtend roten Lackschuhen, natürlich auch mit spitzen, hohen Absätzen: „Wenn schon, denn schon" konnte ich fast mitanhören, wie ihre Gedanken durch den Raum schwirrten. Das war doch klar.

Mit angerauter Stimme kam der Wunsch, der sich auch ziemlich schnell erfüllen ließ, denn die Dame war kurz entschlossen. Tolle rote Lack-Pumps krönten nun die Füße der Kundin, die mich während des Verkaufsgesprächs ihrerseits geheimnisvoll musterte und mir immer wieder freundlich zulächelte, während sie meinen Verkauf genoss.

„Haben Sie auch eine Versicherung für Gehversuche?"
„Nein, die gibt es leider noch nicht", war meine Antwort. Nach dem Bezahlen ging sie langsam und leicht wankend mit einem deftigen Hüftschwung zur Tür, lachte mich noch mal sehr freundlich an und war weg.

Ein paar Tage später verlangte Arno mich am Telefon zu sprechen. Er erzählte von der erfolgreichen Lämmergeburt und lobte seine Cowboy-Boots erneut. Es wurde hin und her gescherzt, bis Arno unterbrach und mich fragte, ob ich die roten heißen Lackschuhe seiner neuen Freundin Corinna verkauft hätte. Er sei total überrascht, wie schön diese Schuhe wären, außerdem wäre Corinna sehr begeistert. Und wider Erwarten seien sie bequem zum Laufen. Das war es, was er mir unbedingt sagen wollte.

Na gut, dachte ich mir, das ist also die neue Freundin von Arno. Mir schien Corinna etwas sonderbar zu sein, was soll's – wo die Liebe hinfällt, Hauptsache sie ist erfolgreich. So vergingen einige Wochen, es kamen weder Lämmer noch Rehbraten, aber es kam Arno – er „schaute mal nur so vorbei", wollte sich informieren, was so alles Neues in der Damenwelt und Mode passiert ist, damit seine Freundin Corinna nicht umsonst den weiten Weg macht. Es gefiel ihm wieder mal so einiges: „Dann kann Corinna ja kommen", versprach er.

So war es dann auch bald so weit, alles sehr ähnlich wie schon beim ersten Mal, der Rock allerdings war noch kürzer geraten und irgendwie sahen auch die Haare sehr mitgenommen aus, denn heute waren sie rot wie Feuer und auch nicht in der Mitte des Kopfes, wo sie eigentlich hingehörten, ich dachte sofort an einen Hut mit Federn.

Dieses Mal verpackte ich die strammen Waden in lange Stiefel und die Freude über den Erfolg war auf beiden Seiten groß. „Bis bald, bis bald", ich rief noch Grüße an Arno hinterher – aber sie war schon draußen. Nach einigen Tagen war Arno mal wieder am Telefon: Es wurde gescherzt, es kam wieder viel Lob über Corinnas neue Stiefel, „alles so toll und sexy und der Abend war dadurch ja auch so toll und ... und ... und". Dann kam meine Frage, wann Arno denn mal mit Corinna zusammen kommen könne, „... wäre doch eine gute Idee".

Arno blockte sofort ab, wollte erst mit Corinna Rücksprache halten und sich dann wieder melden.

Es dauerte wirklich nicht sehr lange, Corinna rief bei mir an, erzählte ebenfalls einiges Belangloses und ihren Eindruck vom Wetter der nächsten Tage, nur das gemeinsame Kommen sei doch schwierig, denn die Sache sei ja nicht so einfach, flüsterte sie etwas geheimnisvoll.

Ja, dachte ich, das stimmt, ich ahnte schon länger etwas, schon bei dem Verkauf der Stiefel. Diese Waden, irgendwie kenn ich die doch – das sind doch die Waden von Arno – die hatte ich doch schon mehrfach gesehen. Bingo, so also läuft das Lamm. „Zwei Seelen in einer Brust oder in einem Body. Na gut, auch o.k.“, dachte ich, „was soll's?“

Nun versicherte ich Corinna, wenn sie allein erscheine, das sei doch genauso schön. Von nun an ging es hin und her, war ich nun Psychologe für verirrte Seelen? Oder ist es ein Spiel, für die Umwelt in zwei Rollen zu tauchen?

Auf jeden Fall hatte ich es mit zwei lieben Gestalten zu tun. „Hallo, hier ist Corinna – schöne Grüße von Arno, er kommt demnächst vorbei.“

Und wenn Arno anruft, dann erzählt er mir, wie toll und aufregend das mit Corinna wieder war.

Wäre, muss ich ergänzen.

So ganz nebenbei fragte er, ob ich auch Single-Frauen kenne, die würde er gerne mal treffen, nur Corinna darf das nicht wissen. Er sagte mir noch ganz eindringlich, sollte er mal irgendwann mit einer Frau kommen, so soll ich auf gar keine Fall Corinna grüßen lassen.

Ihm diesen Wunsch zu erfüllen, fällt mir sicher leicht.

VIAS

Auf Wolke 7

Agatha ist ganz aufgeregt, heute muss sie allen erzählen, warum sie so glücklich ist, warum ihr das Herz bis zum Halse klopft, warum sie dieses funkelnde Strahlen in ihren Augen hat, warum, warum, warum ...

Agatha hat ihn getroffen, endlich hat sie ihn getroffen. Wie lange hat sie gewartet, wie lange nur auf ihn gewartet. Immer wieder hat sie gebetet: „Schick mir doch, lieber Gott, schick mir doch endlich eine neue Liebe.“ Sie wollte schon ein Kontaktbüro beauftragen oder selbst einen Singleclub besuchen oder irgendetwas erfinden, damit das Leben wieder einen Sinn hatte. Es war noch vor den Zeiten des Internets. Was war der Ausgangspunkt? Eine langjährige, aber nun gescheiterte Beziehung lag hinter ihr und Agatha war unglücklich seit vielen Jahren.

Irgendwie machte die Arbeit auch keinen richtigen Spaß mehr, doch was sollte sie machen, sie konnte nicht schreiben und nicht lesen, daher hatte sie diesen Beruf, der ja das älteste Gewerbe der Welt ist. Schon seit einigen Jahren arbeitete Agatha in dieser Branche. Sie hatte sich an ihren Beruf gewöhnt, doch die Träume sind immer geblieben, die Träume, dass „er“ doch eines Tages kommt und sie da irgendwie rausholt. Und jetzt, jetzt war alles so nahe, zum Greifen nahe.

Heute Abend, wenn sie zur Arbeit geht, heute Abend wird sie allen erzählen, dass „er“ da ist, er ist ganz einfach da und sie hält ihn fest, das weiß sie genau, jetzt fängt bald ein neues Leben an.

Alle stehen um Agatha herum, alle Mädchen hören ihr zu,

als sie abends gemeinsam die Arbeit beginnen wollen, Agatha strahlt vor Begeisterung, als sie von ihm erzählt, vor Freude sprudelt alles aus ihr heraus. Man kann sehen, dass einige der Mädchen doch nachdenklich werden, ihr vielleicht auch etwas wehmütig zuhören. Denn jede glaubt, irgendwann fängt ein neues Leben an. Alle wünschen ihr nur eines ganz ehrlich, dass diese neue Liebe auch ein Happy End haben möge.

Der Abend verlief ziemlich schnell und unauffällig, so dass Agatha schnell zum üblichen Treffpunkt ihrer heimlichen Liebe eilte.

„Er" war schon da, wie all die Abende vorher und man fiel sich überglücklich in die Arme und die verliebten Blicke waren nicht zu übersehen. Man schmiedete Pläne für die Zukunft und dass von nun an alles gemeinsam gemacht wird und vor allen Dingen dass alles viel besser wird.

Einige Tage vergingen, es schien, als hinge der Himmel voller Geigen. Eines Tages klopfte es an der Tür von Agathas Wohnung und zwei Männer in unscheinbaren grauen Anzügen standen vor dem Eingang. „Wir möchten ein paar Fragen mit einem Herrn Constanzo klären, gestatten Sie?" Agatha zuckte zusammen, Constanzo, das war ihre große Liebe, der Italiener mit heißblütigen Augen. Ihr Constanzo sollte verhört werden, das konnte nicht sein, denn er hatte nie etwas erwähnt, dass man ihn verfolgte.

Constanzo war schnell zur Stelle und genauso schnell klickten die Handschellen. In nur wenigen Minuten schon war er in dem Auto der Männer verschwunden. Da erst begriff Agatha die Situation.

Nach einigen Besuchen im Untersuchungsgefängnis in den nächsten Tagen wurde ihr mitgeteilt, dass Constanzo in sein Heimatland überführt werde, um eine längere Haftstrafe zu verbüßen. Für Agatha brach die ganze Welt zusammen, ihre große Liebe sollte in ein italienisches Gefängnis, für längere Zeit, und sie konnte nicht lesen und nicht schreiben, wie sollte das nur werden.

Nachts wachte Agatha immer wieder auf, sie spürte die stürmischen Liebkosungen, die heißen Küsse, die zärtlichen Intimitäten: Es kam ihr so vor, als ob der Schweiß des Liebesspieles genauso in der Luft lag wie Constanzos Körpergeruch. Er kam ihr so intensiv vor, als wäre Constanzo neben ihr: So ging es fast jede Nacht, sie erlebte alles immer wieder und die heißesten Gefühle durchströmten ihren Körper.

Um die Liebe nicht zu verlieren, gingen viele Briefe und Anrufe hin und her, ihre Freundinnen standen hilfreich zur Seite. Agatha erfüllte ihrem Liebsten alle Wünsche nach kleinen Geschenken. Stolz trug sie alle Nachrichten wie Fotos ihrer Liebe mit sich herum, damit jeder ihr Leid verstehen konnte.

Eines Tages fasste sie den Entschluss, nach Italien zu reisen, um ihn zu sehen, seinen Geruch zu spüren. In ihrer Erinnerung brannten seine Berührungen noch immer wie Feuer auf der Haut, sie wollte seine Hände streicheln, sie musste einfach zu ihm.

Kurz entschlossen wurde die Reise gebucht. Um sich auch gut verständigen zu können, nahm sie eine italienisch sprechende Freundin mit.

Am nächsten Tag nun wollte sie gut vorbereitet ins Gefängnis gehen. Agatha war ganz sicher, wenn sie mit ihren Reizen nicht so sparsam umging, würde sie schon Einlass bekommen. Das Beamtenpersonal des italienischen Gefängnisses staunte nicht schlecht, als Agatha im Supermini mit weitaufgeknöpfter Bluse, so dass ihr praller Busen alle Blicke im Raum auf sich zog, vor ihnen stand. Und weil die Geschichte schon einige Jahre her ist, wedelte sie auch mit vielen Lira-Scheinen. Doch selbst das perfekte Italienisch ihrer Freundin hatte keine Wirkung, die Beamten waren unbestechlich. Man glaubt es kaum.

Agatha nutzte die Zeit, die sie nun in Italien war, jeden Tag erneut vor der Gefängnistür zu verbringen, sie hoffte, irgendwann Einlass zu bekommen. Doch statt ihrer Liebe in die Augen zu sehen, machte sie die Bekanntschaft einer Frau, die zwei Tage später, mit einem kleinen Mädchen an der Hand, das Gefängnis aufsuchte. Dank der Übersetzungshilfe ihrer Freundin erfuhr sie – und es traf sie wie ein Blitz –, dass Frau und Kind zu ihrer großen Liebe gehörten und dass Agathas Traummann und diese Frau schon viele Jahre ein Ehepaar waren: Constanzo war der Vater des Mädchens.

Agatha wusste nun, dass ihre Sehnsucht nach den gemeinsamen zärtlichen Stunden unerfüllt bleiben würde, die Küsse, die wie Feuer in Erinnerung waren, die heißen Liebesnächte, die Schwüre, der Schweiß, das alles war wie weggeblasen. Trotz italienischer Sonne durchfuhr eine entsetzliche Kälte ihren Körper. Sie zuckte zusammen und sank zu Boden, wo sie regungslos sitzen blieb und nur noch in den Himmel starrte.

Sie hörte nur aus der Ferne eine Stimme sagen: „Komm, wir gehen." Es war die Stimme ihrer Freundin. Agatha wurde sanft, aber bestimmt am Arm genommen und ins Hotel geführt.

Eigentlich konnte sie im Nachhinein sehr froh sein, dass sie nicht lesen und schreiben konnte, denn die vielen Briefe aus Italien, die noch bei ihr im Kasten lagen, blieben unbeantwortet. Schließlich brauchte Agatha noch eine geraume Zeit, um die Liebesspiele so mancher Nacht zu vergessen.

Opa im Bordell

Er ist schon 87 Jahre alt, geht am Stock, auch schon sehr langsam, es fällt ihm alles schwerer als noch vor 20 Jahren. Die Brille hat extrem starke Gläser, doch in seinem Leben gibt es neben Tiefen auch einige Höhen.

Ganz auf der Höhe wollte er heute sein, denn sein „kleiner Mann", mit dem er nun schon 87 Jahre zusammenlebt, machte sich heute besonders bemerkbar. Es gelüstete ihn nach sehr nahem Kontakt zu einer einfühlsamen Frau, ja, Lust auf Sex hat er heute. Draußen ist noch kein richtiger Frühling in Sicht, „dem muss man doch nachhelfen", denkt sich Opa, denn für Opa ist es schon der dritte Frühling in seinem Leben. Also schnell Hut, Stock und Mantel zusammengesucht und ab geht's nach St. Pauli.

Eine scharf aussehende rothaarige Frau könnte ihm heute gut gefallen, also wird erst einmal über die Machart und den Preis verhandelt. Opa fackelt nicht lange, großzügig will er sich heute zeigen. Opa betritt in Vorfreude das Separee, doch seine Freude hält nicht lange. Die Dame hat sich, so berichtet er später, umentschlossen und will andere Dienste als ausgehandelt durchführen. Opa fühlt sich reingelegt und betrogen, nun will er gar nichts mehr, er sagt sich „alles oder nichts". Er entscheidet sich für „nichts", er will zur Tür. Doch da spielt das Schicksal ihm einen Streich. „Klick", durch Knopfdruck schnappt das Schloss der Tür sofort zu.

Opa ist gefangen, nun wird er sehr böse. Gedanken schießen in diesem Moment durch seinen Kopf: „Sowas kann doch mir nicht passieren, das ist ein böser Traum ... Dabei fing doch alles so schön an, die Dame wirkte doch so nett ...“ Die Rothaarige lacht, zeigt ihm die Zähne und sagt nach seiner Auskunft: „Alterchen, jetzt hast du keine Chance mehr, du musst.“ – „Nein, nein, nicht mit mir!“, rutscht ihm heraus und er zieht seine Gaspistole aus der Tasche. Blitzschnell hält er die Waffe unter das Kinn der kurzzeitig verblüfften Dame und ruft: „Aufmachen, sofort aufmachen!“

Das Mädchen, noch immer ängstlich und überrascht, öffnet die Tür dann doch schnell, und Opa geht – als könne er keiner Fliege etwas zu Leide tun – langsam und beschwerlich davon.

Die Lust auf Sex ist ihm nicht vergangen. Nun hat er aber Lust auf ein Paar neue Schuhe – Frühlingsschuhe. Ein Modell, wie Al Capone sie damals trug, lächelt ihn an, sie sind braun und weiß, ganz auffällig, er stellt sich vor, er sehe mit ihnen aus wie ein Gigolo.

Beim Einkaufen geht die Tür auf und es erscheinen zwei bewaffnete Polizisten in Uniform, ein Dritter in Zivil. Gegenüber dem neuen Schuhbesitzer wirken sie groß und stark. Sie stürmen auf Opa zu und fragen laut: „Sind Sie die Straße runtergegangen und davor aus der Herbertstraße gekommen??“ „Ja, na und?“, entgegnet er. Die Polizisten reagieren sehr laut, unfreundlich und barsch: „Dann wissen Sie ja auch, um was es hier geht, Sie kommen sofort mit auf die Wache.“

Opa wird sehr böse, ganz heftig schimpft er: „Was wollen Sie denn von mir, ich bin doch kein Verbrecher“, aber es nützt ihm gar nichts. Die Hüter des Gesetzes schnappen Opa und führen ihn ab, einer rechts und einer links, direkt zur Davidwache, das ist die sehr bekannte Polizeiwache mitten auf der Reeperbahn.

Etwa zwei Stunden später kommt ein etwas geknickter Opa noch einmal ins Schuhgeschäft, er ist noch immer sehr aufgeregt. „Mit meinen 87 Jahren ..., stellen Sie sich nur vor, ich musste mich total ausziehen, ich wurde überall untersucht. Und kam sogar hinter Gitter, damit ich nicht flüchten konnte. Dann hat man mir Beischlafbetrug und natürlich das Benutzen der Gaspistole vorgeworfen." Nun hat er mit 87 Jahren seine allerersten Anzeige erhalten.

„Wissen Sie, die Gaspistole habe ich seit sieben Jahren, da verstarb meine Frau, die liegt nun auf dem Friedhof. Und weil es an diesem Ort, an dem ich sie oft besuche, so einsam ist, schütze ich mich mit der Pistole vor möglichen Überfällen." Die Lust aufs Bordell ist ihm im Moment vergangen, er muss erst mal dieses Ding verkraften. Was er mit seinem eigenen „kleinen Mann" macht, der ja heute nicht zum Zuge gekommen ist, weiß er noch nicht. Für die Antwort hat er noch ein wenig Zeit, schließlich ist er ja erst 87 Jahre alt. Das Leben bietet ihm sicher noch eine Gelegenheit, dann aber besser ohne Gaspistole, das hat er sich vorgenommen.

SCHMIDTS
TIVOLI
Kasse geöffnet!
Kasse
ASTRA

POLIZ

Beatles-Platz

Der Lackmann

Ein hagerer junger Mann mit sehr hellem Gesicht und auffallend freundlich, probierte lange schwarze Lederstiefel mit sehr hohen Absätzen, endend an seinem besten Stück.

Die Beine waren dünn wie bei einem Storch, die Stiefel waren viel zu weit, aber er fand sich „irre sexy aussehend“, nein, er war sogar der Meinung, diese Stiefel wären genau auf sein Beinmaß zugeschnitten. Dann erzählte er weiter, er habe einen langen schwarzen Lackmantel aus Paris mitgebracht, sehr weit und lang, eine sogenannte Rarität, dazu würden diese Stiefel sehr gut passen, die müssten es sein, „das ist der Kick“. Allerdings fehle noch die passende Kopfbedeckung, die er aber im Handumdrehen besorgen würde und dann alle Kleidungsstücke noch einmal komplett zusammen probieren wollte.

Nach einer knappen halben Stunde war er wieder im Geschäft, nun begann er sich um- und anzukleiden, mit den langen Lackstiefeln fing er an, dazu folgte dieser extrem lange schwarze Lackmantel und der gute Kerl stand schon glänzend da, alles in Schwarz. Um aber seine Kopfbedeckung aufzusetzen, bat er mich, zwei Minuten wegzusehen, denn es sollte ja etwas Besonderes passieren. Und das war es auch, denn plötzlich hörte ich ihn „Hilfe, Hilfe, ich ersticke!“ schreien.

Denn der gute Mann hatte sich eine hautenge Gesichtsbedeckung über den Kopf gezogen, ohne ein Luftloch, ohne Augenöffnung, so enganliegend, dass ihm die Luft ausging.

Damit die Tragik nicht tödlich endete – ich sah schon die Schlagzeilen vor mir: „Ganz in Lack, in einem Skandal-Schuhgeschäft auf der Reeperbahn“ –, griff ich schnell zur

Schere, schnitt diese extravagante Gummihülle auf und befreite einen rot angelaufenen Kopf aus seiner Falle.

Nachdem er wieder frei atmen konnte, erzählte mir das Opfer dann, das mache ihn ganz geil, wenn er in der Dunkelheit, insbesondere hinter Häuserecken oder Mauern, jedoch auch bei schummrigem Licht, von Kopf bis Fuß in schwarzen Lack gehüllt, Menschen erschrecken könne.

„Das wirkt ganz sicher", ich zitterte immer noch etwas: „Da haben Sie Recht", denn ich habe mich auch sehr erschrocken.

Die Muschi und der Ledermantel

Natascha ist ein „Weib wie brennendes Feuer“ – knallrote Haare, lodernder Blick. Es knistere ganz gewaltig, wenn sie den Raum betritt. Ute ist aufgefallen, dass Natascha, wo immer sie sich aufhält, eine Spur von ihrem Parfumduft hinterlässt. Es scheint fast so, als folge ihr eine Wolke, die sicherlich so mancher Mann besteigen würde, wenn das denn möglich wäre. Wolkenbesteigen soll eine schwere Kunst sein, so heißt es. An einem kühlen Herbstnachmittag in Hamburg kam auch Natascha „mal schnell zwischendurch in ihrer Arbeitszeit“. Natascha preist abends ihren wohlgeformten Körper in einem Schaufenster in der Herbertstraße auf St. Pauli an. Sie bietet intime Begegnungen für „ausgehungerte, freilaufende Herren jeden Alters“ zur Entspannung nach Feierabend an.

„Mein Geschäft läuft heute“, strahlt Natascha und zwinkert Ute zu, „denn ich habe einen spendablen Freier erwischt, wie schon lange nicht mehr. Aber ich brauche ein Paar supergeile High Heels, knallrot, glänzender Lack, mit Nieten und Riemchen zum Herumspielen.“ Dann holt sie tief Luft und lässt sich mit ihrem schwarzen Ledermantel auf einen Stuhl fallen. Hier möchte sie rote Riemchenschuhe anprobieren.

Auf dem Stuhl gegenüber sitzt ein dicker, kugelrunder Bayer, der beim An- und Ausziehen seiner Schuhe – denn auch er möchte ein modisches Paar Schuhe von der Reeperbahn nach Bayern einführen – merklich nach Luft ringt. Irgendwie ist sein dicker Bauch ein Hindernis beim Bücken. Aber Ute beobachtet, wie dem bärtigen Bayern die Luft beinahe ganz wegbleibt, als er Natascha anblickt.

Sein Blick saugt sich fest an ihren Beinen, genauer: an ihren schwarz bestrumpften Füßchen, die nun in verschiedene rote Schuhe rein und wieder raus in Bewegung kommen.

Der dicke Mann ist wie gebannt von dem Schauspiel. Dabei bemerkt er nicht, dass Natascha mit einer Hand ihren Ledermantel fest zusammenhält. Ute hat den Verdacht, dass sich darunter ein kleines Geheimnis verbirgt.

Ute überreicht dem Kugelbayern ein neues Paar modischer Schuhe, die er ausprobieren möge, und stellt den dazugehörenden Schuhkarton auf den Boden in die Nähe seiner Füße. Der Kugelbayer jedoch ist fast in einem Rausch – er kann seinen Blick nicht von diesen schwarz bestrumpften hübschen Beinen abwenden. Die Anzahl der kleinen Schweißperlen auf seiner Stirn nimmt deutlich zu.

Natascha hat auch ihren Spaß, sie genießt den Blick ihres Gegenübers, sie treibt ein Spielchen mit dem Dicken. Sie steht auf, als wolle sie die Schuhe ausprobieren, in Wirklichkeit will sie wohl nur ganz nah bei diesem Mann ihre Parfumwolke wirken lassen.

Ute versucht sich bemerkbar zu machen, indem sie den Herrn mit schriller und spitzer Stimme nach der Bequemlichkeit seiner neuen Schuhe fragt. Dieser grummelt kaum vernehmbar: „Die sans, die passen, die nehm i mit.“ Dabei probiert sein rechter Fuß, ob er wirklich in den Schuh passe. Schmunzelnd und etwas verdutzt gibt Ute zur Antwort: „Den bekommen Sie sowieso, denn Sie probieren gerade den Schuhkarton an.“

Der Bayer lacht aus vollem Halse und Natascha kichert ebenfalls. Dank der netten Atmosphäre und wegen seines

Gegenübers fühlt der Kugelbayer sich wohl und macht keine Anstalten, aufzubrechen.

Natascha ist noch immer dabei, ein Riemchen an ihrem Schuh zu schließen, als wie aus Versehen der Ledermantel auseinander springt. Der Bayer bemerkt sofort, dass dabei Nataschas Weiblichkeit sichtbar wird, denn außer einer Korsage mit Strapsen, an denen die schwarzen Strümpfe befestigt sind, hat sie nichts als nackte Haut zu bieten, weil sie ja nur „mal zwischendurch eine Pause“ macht.

„Ja mei, ja mei, gibts denn sowas, a Muschi, a richtig’ Muschi, un das mir ...“ Aus dem Hintergrund bemerkt Ute prustend: „Kleine Haustiere verkaufen wir nicht.“

Natascha macht den Ledermantel fest zu, geht zur Kasse, zahlt und flüstert Ute zu: „Sollte eine kleine Überraschung sein, vielleicht kommt er mal wieder oder empfiehlt dieses besondere Geschäft weiter.“ Damit machte sie den Mantel noch fester zu und verschwand.

Der Bayer hatte dann auch seinen Schuhkarton unterm Arm, als er ging, und er murmelte immer wieder in seinen Bart hinein: „Dös glaabt mir daham kei Mensch, so wos, a Muschi, a richtig’ Muschi, un dös ... auf der Reeperbahn.“ Er schwitzte immer noch, obwohl es ein eher kalter Januar war und die Heizung auf Sparflamme lief. Was so ein Ledermantel doch bewirken kann.

Ute sagte mir, sie sei sich sicher, dass Nataschas Geheimnis kein Geheimnis bleiben werde. Und vielleicht halte demnächst der eine oder andere Bayer beim Betreten von Nr. 77 Ausschau nach einer Dame im schwarzen Ledermantel ...

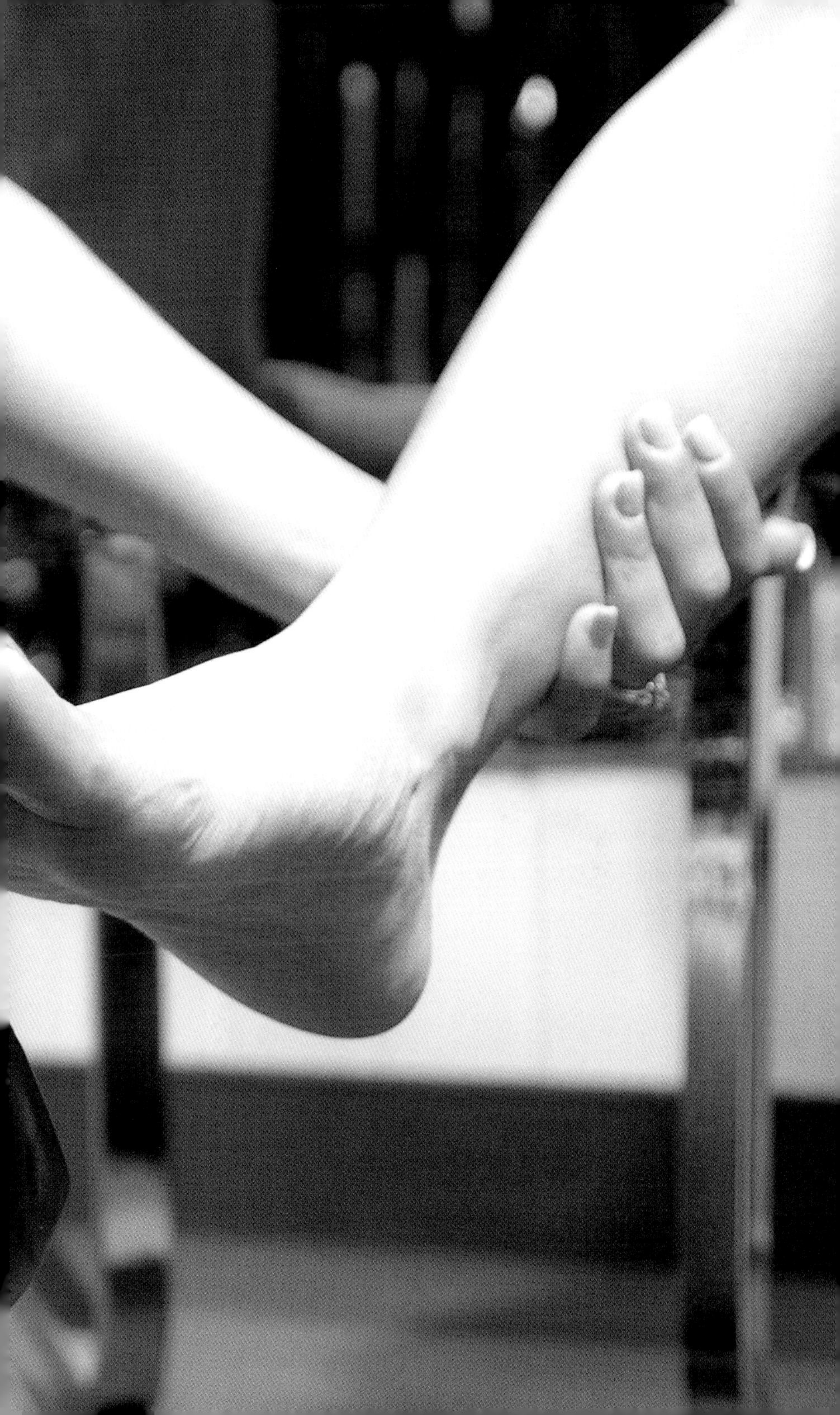

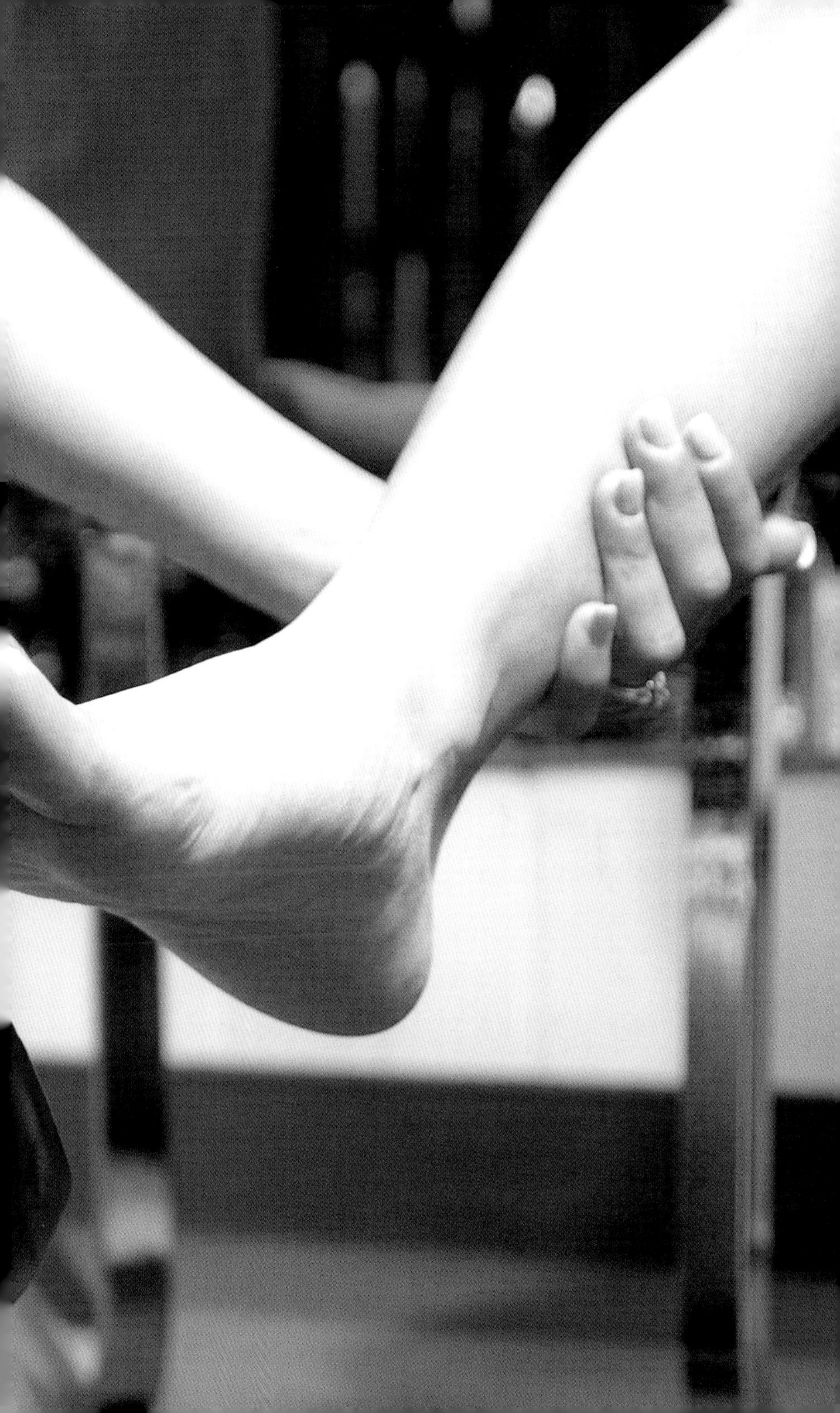

Tattoo-Lady

Sie ist eine Lady und verkörpert Luxus pur! Sie fährt vor mit einem wunderschönen Sportwagen, rot wie der schönste Nagellack, und wenn sie den Laden betritt, erfüllt ihn der Duft eines atemberaubenden Parfums, dann weiß man, sie ist wieder da. Sie gehört zur Oberklasse.

Ganz steile Absätze, High Heels betonen ihre langen, schlanken Beine. Die Designer-Handtasche wippt an dem einen Handgelenk genauso wie ein teures Armband an ihrem anderen. Diese Lady ist schlank und wirkt sehr gepflegt. Sie ist nicht mehr ganz jung, aber apart und sehr charmant.

Es ist schon ein besonderer Auftritt, wenn sie kommt. Im Winter trägt sie einen kostbaren eleganten Pelz, im Sommer kommt sie im Häkellook, wegen der Wärme aber dann mit riesigen Löchern, die viele bunte Farben durchschimmern lassen. Wenn es ein besonders heißer Tag ist so wie heute, was trägt sie dann darunter? Sie trägt nichts, genauer: nichts außer einem kleinen Dessous. Nun ist das Umfeld in Spannung, wobei besonders die Herren der Schöpfung sie aufmerksam beobachten.

Aber auch der Winter kann reizvolle Begegnungen mit der Tattoo-Lady bereithalten. Der 13. Februar war ein besonderer Tag, an dem die Füße der Lady mal wieder ein Paar neue Schuhe bekommen sollten. So erschien die Dame in einem langen, wunderschönen Pelzmantel, sie brauchte heute – und das verkündete sie schon beim Eintreten in unseren Laden – neue High Heels.

Ute war gerade mit dem Einräumen der neuen Kollektion beschäftigt. Und so bediente ihr Kollege die Tattoo-Lady. „Sehr gerne", sagte der Verkäufer, ein freundlicher Mann, der diese Dame schon von vorangegangenen Einkäufen kennt und bevorzugt behandelt. Und sie mag es, von jungen Männern bedient zu werden.

Unsere Auswahl ist riesig groß, daher fällt die Wahl der Schuhe besonders schwer. Durch das viele Anprobieren wird ihr warm, „die Heizung knallt, denn es ist Winter", und die Sonne scheint an diesem Februartag. Sie schmeißt ihren Pelz ab, und dem Verkäufer stockt der Atem: Sie ist barfuß bis zum Hals, nackt, splitternackt. Sie setzt sich auf ihren Mantel, damit sie nicht auskühlt, denn es ist ja Winter.

Ihr Luxuskörper ist bunt tätowiert, einige bunte Motive sind schleierhaft umhüllt und man denkt bei seinem Anblick an eine Litfaßsäule. Sie lacht laut und herzlich. Sie ist überhaupt nicht scheu und verlegen, man meint, sie brauche es, dass ihre Tattoos statt ihrer Kleidung angeschaut werden.

Die Lady probiert, der Verkäufer genießt, hoch das Bein, Schuhe an, Schuhe aus, Beinchen hoch, Beinchen auseinander, der Verkäufer wird immer emsiger beim Probieren, man sieht in seinem Gesicht eine schamhafte Röte aufsteigen. Die Dame wechselt das Programm, nun möchte sie doch lieber Stiefel probieren. „Das haben wir gleich", lacht Utes Kollege, denn er bleibt bei diesen eigentlich alltäglichen Wünschen immer ganz gelassen. Beim Zuziehen der Reißverschlüsse an den Stiefeln merkt man, dass die Dame die gute Bedienung genießt. Und der Zuvorkommende wird auch belohnt, denn der Blick des Verkäufers geht geradeaus – in den berühmten Elbtunnel.

So geht das eine ganze Weile hin und her, noch ein Glas Sekt, noch eine Zigarette. Und noch ein Paar neue Schuhe, alles läuft wie am Schnürchen, alle sind zufrieden, der Auftritt ist erfolgreich, Spaß haben alle. Dann bricht sie auf, die Tattoo-Lady, mit vier Paar neuen Schuhen im Gepäck: hinein in den Mantel und tschüss, bis bald. Draußen röhrt der Porsche, weg ist sie.

Zurück bleibt ein nachdenklicher Verkäufer, der sich selig lächelnd schon auf die nächste Begegnung freut. Und ich merke, mir ist kalt. Leider habe ich keinen Pelz, aber ich brauche ja keinen.

50
50

Der kleine König

Es war Samstag, kurz vor Ladenschluss, das Geschäft war nicht besonders gelaufen an diesem Tag, aber was soll's, da muss man durch.

Fast wollten wir schon ein paar Minuten vorzeitig schließen, da kam ein dunkelhäutiger dicker, kleiner Mann zur Tür herein. Er trug ein schönes mit goldenen Fäden durchzogenes Gewand an seinem Körper und es war kaum zu glauben, er hatte eine Krone auf dem Kopf, wirklich eine echte Krone. Er sprach Englisch und war sehr nett.

Nun suchte er viele Schuhe aus, alle Sorten, es waren so viele Paare vor mir aufgestapelt, dass man von meiner Gestalt nichts mehr sah. Fast verlor ich den Überblick, wen er da beschuhen wolle.

Zwischendurch fragte der kleine König, wie ich ihn heimlich nannte, wie er denn bezahlen könne, wir einigten uns auf Dollar.

Als der König nun etwa 50 Schuhpaare ausgesucht hatte, bezahlte er, ging zur Tür und klatschte draußen laut in die Hände. Kaum zu glauben, auf diesen Befehl hin kam ein großes Auto mit Konsulatsnummer und Fahne vorgefahren.

Nun kamen lauter „kleine Negerlein" heraus und trugen ruck, zuck alle Schuhpaare davon, verstauten alles im Auto, verneigten sich vor mir. Der kleine König lachte, grüßte und fuhr davon.

Am nächsten Tag stand etwas über ihn in der Zeitung. Er war der König eines afrikanischen Stammes und machte in

Hamburg einen Staatsbesuch zur Vereinbarung einer bedeutenden wirtschaftlichen Zusammenarbeit. Mein Geschäft hat er jedenfalls ordentlich angekurbelt.

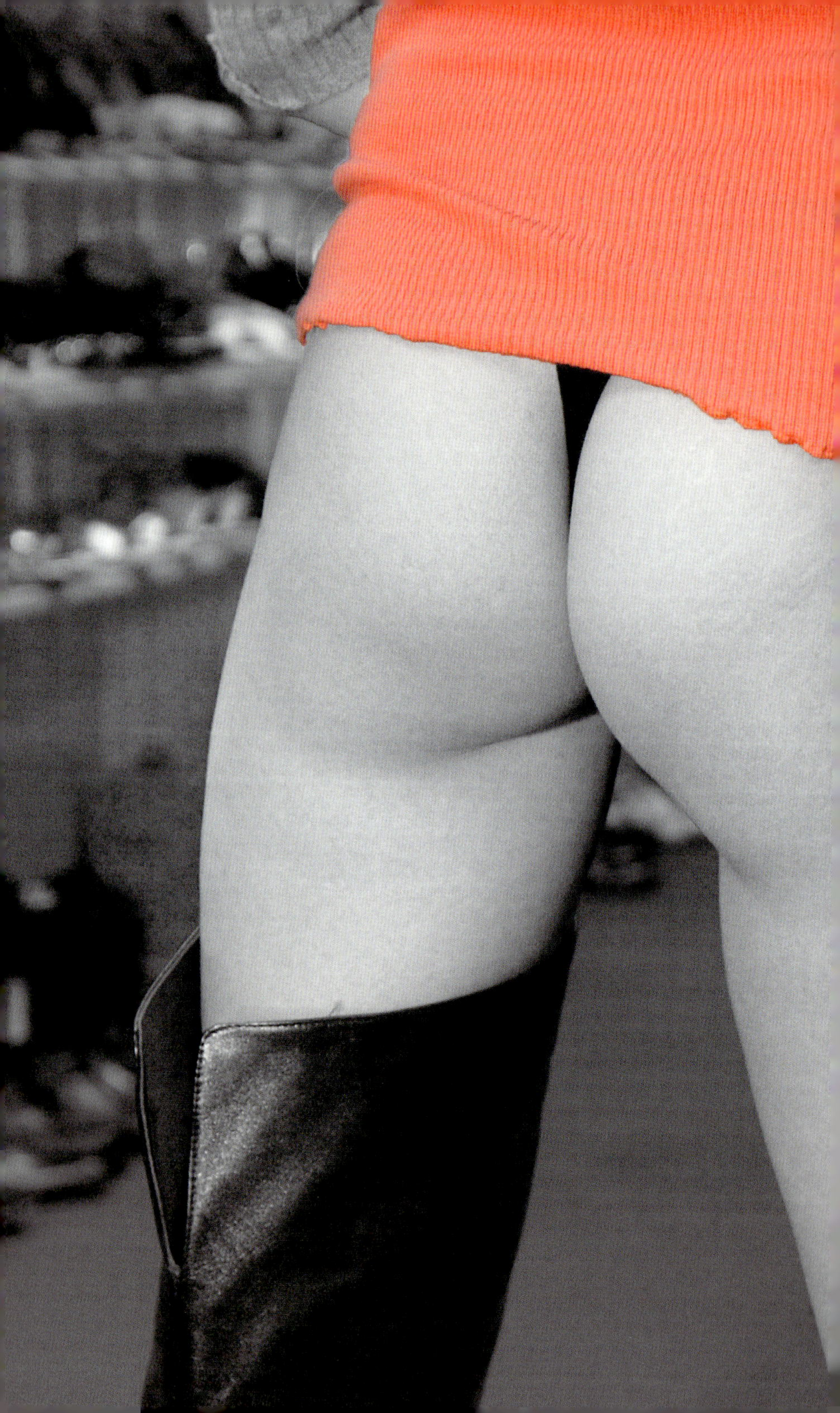

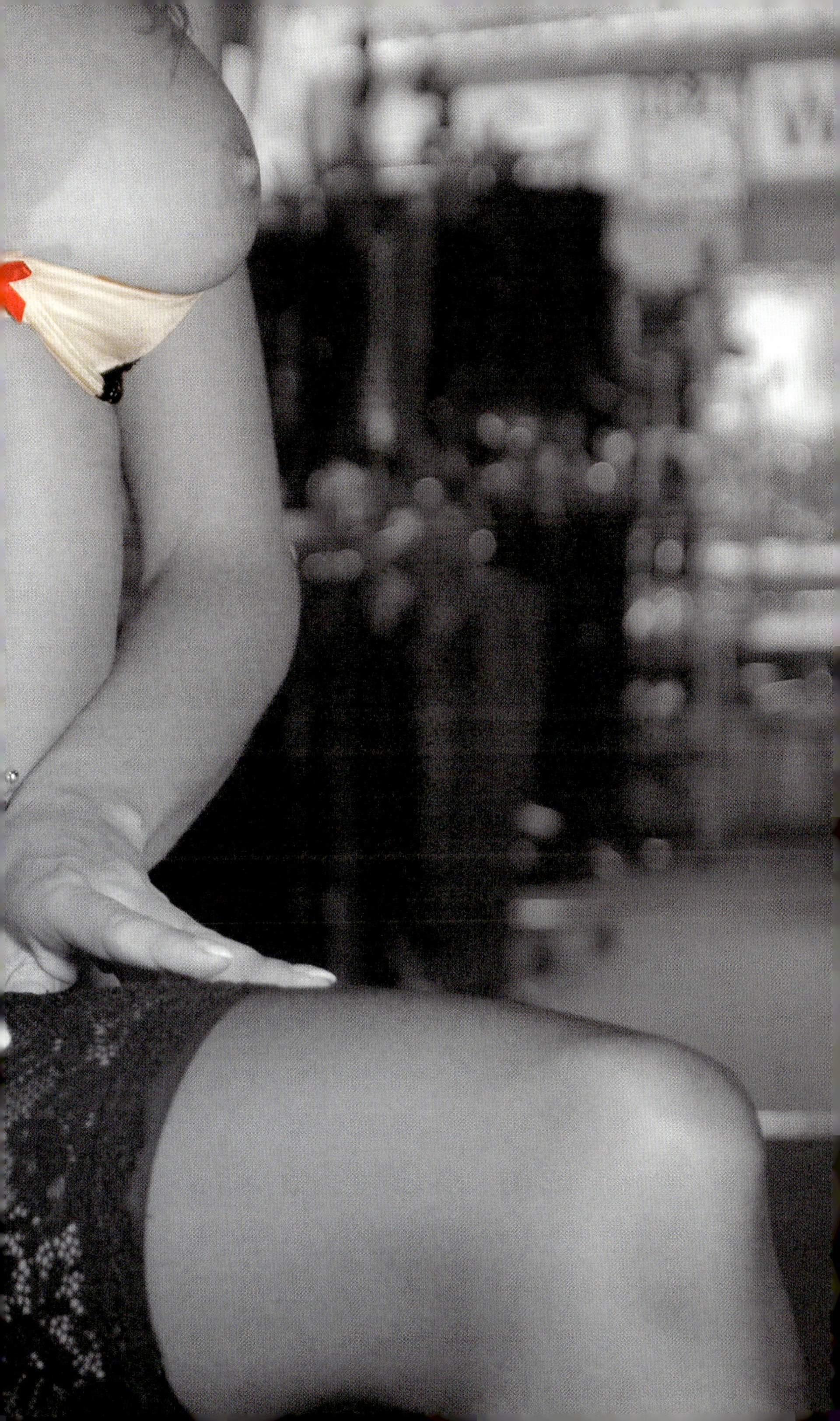

Ninas doppelter Boden

Wir haben nicht nur schöne Schuhe, die ja der Erotik dienen. Es ist schon lustig, dass bei manchen Männer ohne rotes Lackleder und ganz, ganz hohe Absätze nichts läuft. Diese Schuhe werden auch High Heels oder Stilettos genannt, ja manche Männer trinken auch gerne Champagner daraus, sonst läuft bei ihnen schon mal gar nichts.

Bei mir aber bei läuft etwas immer gut, beispielsweise diese Handtasche aus schwarzem Leder, sie ist fast ein Köfferchen mit vielen goldenen Schlössern. Das Besondere: Man kann den Boden der Tasche abklappen, zum Verstauen von Dingen, die man gerne vor neugierigen Blicken schützen will. Dieses Geheimfach ist auch der „Kick" für den Verkauf dieser Tasche.

Nina ist ein Liebesmädchen mit langen schwarzen Haaren. Sie ist eine Frau mit langer beruflicher Erfahrung, in ihrem Angebot hat sie auch, das hört man aus dem Geflüster anderer heraus, das starke Geschlecht in Ketten zu legen und so lange zu drohen, bis es gefügig und brav ist. Das ist auf dem Kiez bekannt, und deshalb hat Nina gelegentlich besonders gute Kunden.

Nina liebt Taschen über alles, ganz besonders mein Köfferchen. Daher konnte man ohne Probleme lange Zeit „Hand in Hand" mit diesem Köfferchen arbeiten. Wie das abging? Es gab mehrmals in der Woche einen verliebten zahlungswilligen Freier, der bereit war, für Nina diese Tasche zu bezahlen, als ein „zusätzliches Dankeschön". Jedes Mal wenn Nina mit einem Mann erschien, um eine Handtasche zu kaufen – es standen immer mehrere zur Auswahl – kam ihr entzückter Ausruf: „Schatz, sieh mal, wie schön der kleine Koffer ist, wie praktisch mit der kleinen Bodenöffnung – das ist genau passend, um mein Geld zu verstecken, da findet es niemand." Schnell war der Begleiter begeistert und auch überzeugt von diesem wunderbaren Versteck. Beim Preis murmelte er noch etwas zu sich selbst, zahlte und alle waren zufrieden. Warum alle? Nun, das Lächeln auf Ninas Lippen und das in meinem Blick war unser beider Geheimnis, denn die Tasche war spätestens am nächsten Tag wieder in meinem Geschäft, secondhand angekauft. Ich nahm das praktische Köfferchen zum halben Preis zurück und es dauerte nicht lange, und die Tasche wurde von einem netten Herrn, den Nina mitbrachte, erneut gekauft. Für andere interessierte Kunden nannte ich immer einen Preis jenseits der Tausendergrenze. Einen Preis, den niemand zu zahlen bereit war.

So hatten Nina und ich einen gleichen Anteil an diesem Geschenk. Monate später sah der Griff doch schon etwas abgegriffen aus. Kein Problem: Er wurde einfach repariert. Die Tasche kehrte danach immer wieder zurück ins Regal und hat sich vielfach bezahlt gemacht.

Vor vier Monaten fuhr Nina mit der Tasche und ihrem roten Mustang davon, niemand hat von beiden wieder etwas gehört oder gesehen. „Hoffentlich ist der Boden des Köfferchens noch voller Geld und Nina berichtet mir später davon, was sie seitdem erlebt hat. Ob sie wohl den Absprung aus dem ‚horizontalen Gewerbe' geschafft hat?"

Wenn die Lust kommt

Herr Meier ist ein sehr eleganter Mann, er ist Vorstand einer renommierten Hamburger Versicherung, ein Mann so um die fünfzig, groß, schlank, blond. Zudem ist er sehr korrekt – eben hanseatisch – gekleidet. Wahrscheinlich ist er ein glücklicher Familienvater und liebt es besonders, wenn man ihn als Vorbild sieht, denn er legt besonders Wert darauf, sein Leben möglichst vorbildhaft zu gestalten.

Als feiner Herr betritt er auch Evas Appartement, auch Kabinett genannt. Eva ist eine besonders begehrte Domina. Sie ist eine wunderschöne Frau, ihre schulterlangen Haare umrahmen ihr feines Gesicht mit den großen braunen Augen und ihren aufgeworfenen Lippen. Diese sind von einem leuchtenden Rot des Lippenstiftes betont, ganz klar der Anziehungspunkt ihres Gesichts. Seine regelmäßigen Besuche bessern Evas Einkünfte erheblich auf. So ist es auch wichtig, Herrn Meier bevorzugt und mit viel Zeit zu bedienen.

Herr Meier hat es beim Reinkommen ins Kabinett besonders eilig, seinen hochwertigen Anzug mit der passenden Kleidung für den Besuch bei Eva zu tauschen. Die passende Kleidung besteht aus einem festen Lederhalsband, das mit stählernen Nieten beschlagen ist, sowie einer stabilen, langen Hundeleine.

Mit den Worten „Sitz!" wird Herr Meier mit seinem Halsband, das Eva fest um seinen Hals verschließt, erst einmal „stubenfein angezogen". Nun sitzt Herr Meier splitternackt, eben nur mit seinem Halsband auf dem Fußboden und wartet geduldig auf die Befehle seiner Herrin.

„Bist Du ein braver Hund?“, fragt Eva mit ihrer fast liebevollen, etwas rauen Stimme. „Bist Du Mamas Liebling?“ Die Antwort klingt nicht ganz menschlich, er bellt aus vollem Hals. Er schaut Eva liebevoll an und gibt damit zu verstehen, dass er ein braver Hund ist.

Eva trägt außer ihrem knappen Ledertanga noch die bei uns erworbenen langen geschnürten Stiefel mit extrem hohen Absätzen sowie eine Korsage, die mit aller Mühe ihre üppigen Brüste zusammenhält. Sie sieht geil aus. Wenn Eva dann zur Peitsche greift und auf den armen Hund Meier einschlägt, dann wird Hundchen wie wild auf allen vieren um den Tisch kriechen: Aber dennoch wird Eva nicht aufhören, die Peitsche zu schwingen, zu schlagen und zu schimpfen: „... Bist immer wieder ein böser Hund“ und nochmal und nochmal, bis Hund Meier „Männchen macht“ und knurrend den Kopf in Evas Schoß legt. Das scheint der Höhepunkt zu sein und Eva schiebt ihm eine Süßigkeit in seinen Mund. Ob es ein Hundekuchen ist?

„Nun bist du ein braver Hund und Mamas Liebling, geh ... mach schön Platz!“ Das Hundchen ist brav und zieht sich in seine Hundestellung zurück und kauert ganz klein zusammengerollt neben Eva auf dem Fußboden.

Sicherlich tut das Spielchen mit Eva Herrn Meier gut, nur die Sache hat doch einen Haken, denn Herr Meier hat nicht wie Nachbars Pudel „Kunibert“ sein wippendes Schwänzchen hinten. Nein, Herr Meier ist, wie die Natur ihn geschaffen hat, ein ganz normaler Mann, der „dann und wann“ mal Lust auf Eva hat.

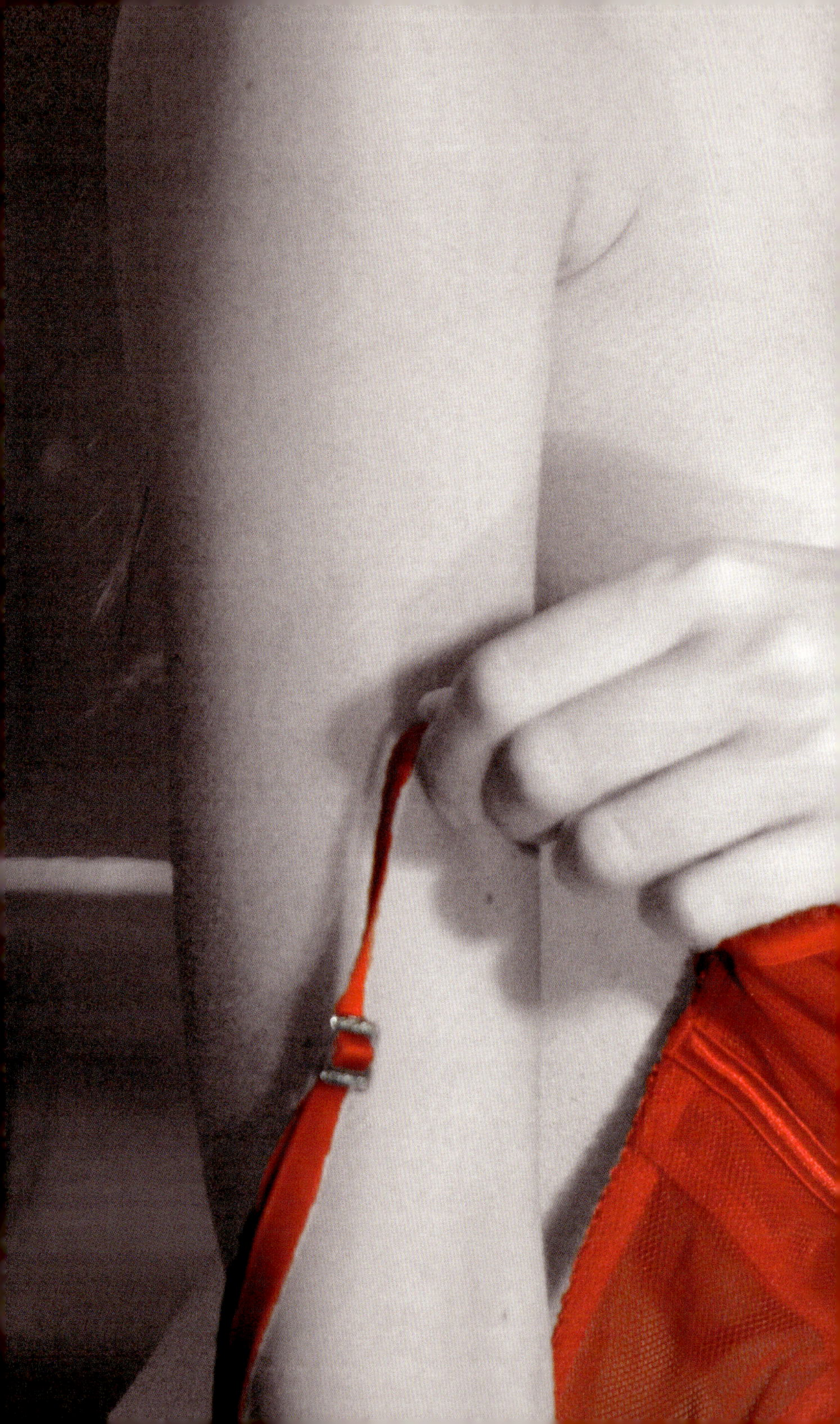

Die rote Ampel

Heute ist es doch alltäglich, schöne Frauen, halbbekleidete, erotisch verpackte Mädels auf der sündigen Meile zu sehen. Doch 1982 war das noch anders.

Die Moral sei nach außen noch ganz wichtig gewesen, St. Pauli – Hafen – Strich – Kabarett – nur im Dunkeln darf man munkeln, so war es einmal ...

Jedenfalls kaufte ein schönes Mädchen eines Tages schenkelhohe geschnürte Stiefel, rotes Lackleder musste es sein – schön grell und leuchtend.

Die Stiefel endeten da, wo die Körpertemperatur der Frau am genauesten zu messen ist. Mit diesen neu erworbenen Stiefeln an den langen Beinen verließ das Mädchen das Geschäft.

Die Sonne knallte auf die rote Farbe, als sie die Straße betrat. Der Wind wehte durch die langen schwarzen Haare und das schöne Mädchen hatte große Mühe, den hochwehenden Rock schützend über ihren knackigen, leicht gebräunten Popo zu halten. Ein erotischer Anblick, so beschrieb es der Kunde, während er ihr nachsah.

Doch so erging es wohl auch einem Autofahrer, der gerade vorbeifuhr und nur zu dem Mädchen blickte, wie gebannt den Kopf in ihre Richtung drehte und erst durch einen Knall auf das vor ihm haltende Fahrzeug gewahr wurde, „da hat's gebumst".

Ein voller Erfolg für die roten Stiefel und die Autoversicherung, außer einem Funkeln der roten Stiefel in der Sonne war alles vorbei.

Das Mädchen lachte dem Unglücksfahrer zu, überquerte die Straße und war weg. Der Kunde, der während seiner Erzählung das Erlebte nochmal vor seinem geistigen Auge sah, schwitzte und schloss mit den Worten: „... die Moral von der Geschicht: Nach leichten Mädchen schaut man – beim Autofahren – nicht."

OLIVIAS
HOW CLUB

OLIVIA
SHOW ★ CLU

Eine Stunde zu früh

Irmy kann nicht schreiben und nicht lesen, aber sprechen kann sie und versprechen kann sie noch viel mehr. Sie lebt seit einiger Zeit als Liebesmädchen in unserem besonderen Stadtteil. Preise auszuhandeln ist ihr Spezialgebiet, sie verkauft sich so teuer wie möglich. So versuchte sie es auch an diesem Vormittag in einer Seitenstraße auf St. Pauli. Dort gibt es auch nur bestimmte Straßenabschnitte, in denen Damen sich von Freiern ansprechen lassen dürfen.

Irmy kennt natürlich auch die Sperrstunden in ihrem Gebiet. Man darf nicht immer, wenn man kann und will, nein, es gibt feste Zeiten, auch zum Schutze der Kinder, die hier leben.

Irmy hat einen Riesenbusen, XXL und mehr, spöttische Mäuler sagen, sie schleppe da eine ganze Silikonfabrik mit sich herum. Das lockt offensichtlich viele Männer an.

Ein attraktiver junger Mann, gepflegtes Äußeres, dazu mit einem gut gebauten Körper, bleibt an diesem Wunderbusen und somit vor Irmy stehen.

Sie werden sich schnell einig für eine erotische Runde und steigen die steilen Stufen in das Privatgemach hinauf. Irmy ist angetan, sie steigert sich: „Für ein bisschen mehr Geld biete ich auch noch mehr", sagt sie und preist ihre speziellen Schärfen an. Doch was passiert? Dieser Mann will nicht mehr, eigentlich will er gar nicht, denn er ist im Dienst, doch das ahnt Irmy nicht.

Nun, als es zur Sache geht, als der pralle Busen ihm nun entgegenfällt, zückt der vermeintliche Freier seine Dienstmarke mit den Worten: „Sittenpolizei Hamburg – Sie haben soeben gegen das Gesetz verstoßen.“

Nun wird das Irmchen, denn auch das kann sie perfekt, weinerlich, dieser Mann mit Dienstausweis soll alles erleben, was sie auf Lager hat. Sie zieht alle Register. „Mehr und noch mehr, auch umsonst kann es sein, auch so lange du magst ...“

Der Beamte bleibt hart, der Busen, der Sex – nichts, aber auch gar nichts kann ihn erweichen. Ihn interessiert nur seine Pflicht, genauer: das Gesetz und die Sperrstunde zählen – das wird hart.

Das Privatdomizil verändert sich fast in ein Dienstzimmer mit Verhör, das gab es vorher noch nie, schade.

Einen Monat später kommt ein Brief für Irmy an, sie soll eintausendfünfhundert Euro Geldstrafe zahlen. Zerknirscht muss sie eingestehen: „Sehr viel Geld für eine Stunde zu früh im Sperrgebiet.“

MFK
HI FIVE

POLIZEI
Spielbudenplatz
POLIZEI

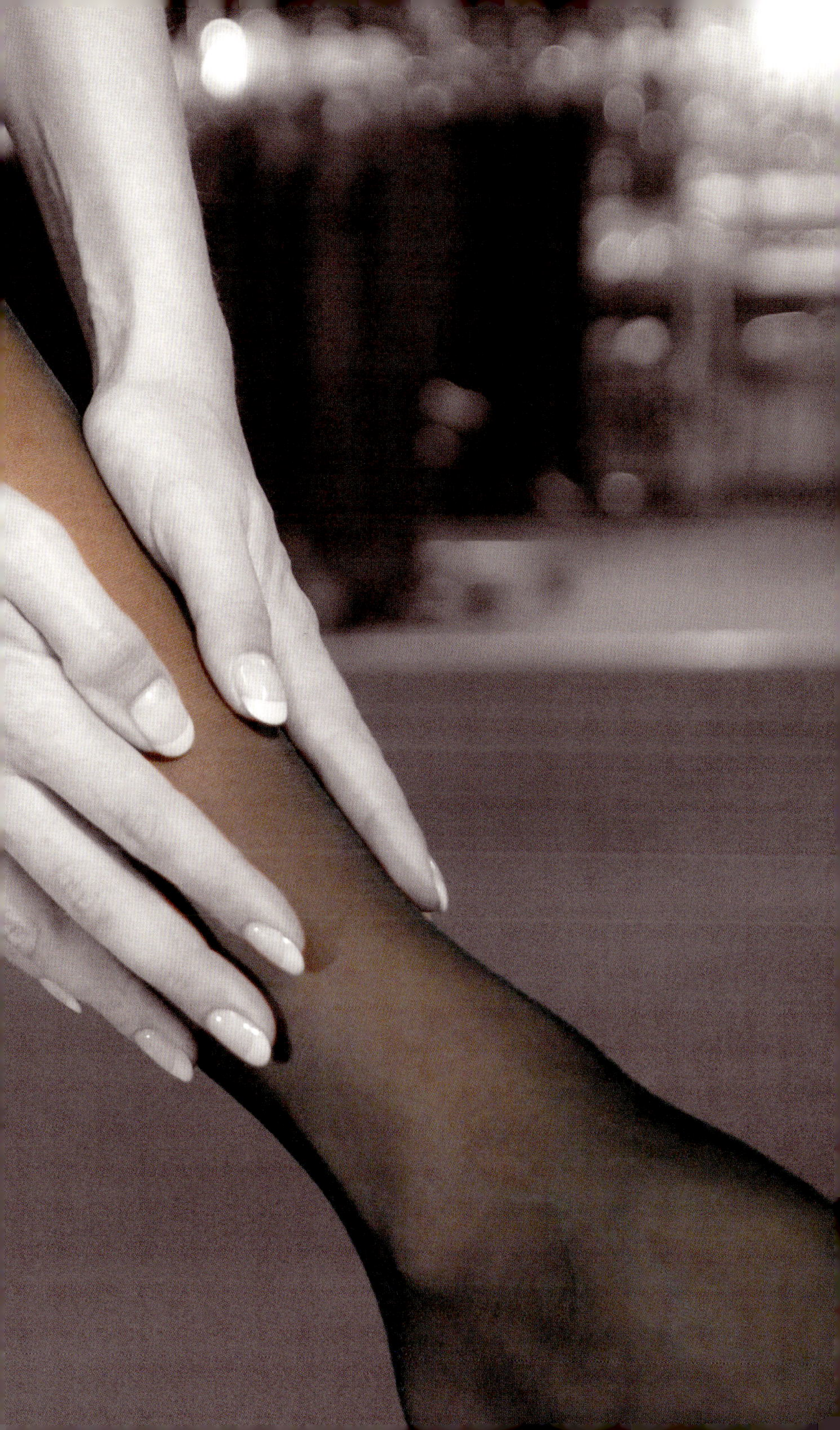

Die Kreditwürdigkeit des Sascher Gunt von Poel

Ute, Auszubildende Nr. 77, traf neulich im Café Auszubildende Nr. 71, die Anfang der 1980er Jahre im gleichen Schuhhaus ihre Lehre machte. Damals hieß es noch „Lehrjahre sind keine Herrenjahre“. Sie brachte folgende Geschichte aus der Begegnung zwischen 71 und dem adligen „von und zu“-Geschlecht mit: Es war ein verregneter Tag in Hamburg, grau in grau, ein Tag zum Verzweifeln. Waren das nicht auch die Tage, an denen die meisten Katzen überfahren werden und die Notaufnahmen von Krankenhaus oder Psychiatrie überfüllt sind? Und die Tage mit wenig Umsatz in einem Schuhhaus, außer es kommt ein besonderer Kunde …

Und tatsächlich, es kam ein elegant gekleideter Mann mit guten Manieren und einer schönen Frau zur Tür herein, ging auf extravagante Damenstiefel zu und rief, gut vernehmbar noch in der letzten Ecke: „Das sind die schönsten Schuhe, die ich in Hamburg finden konnte, das ist genau das Richtige für meinen Fotoband, ich veröffentliche demnächst so ein Buch.“ Alles verlief ohne Auffälligkeiten. Der Mann hatte Stil. Als der Kauf erledigt war, überreichte der Herr an der Kasse einen Euroscheck, der komplett mit Namen und dazugehöriger Bank in der Schweiz beschriftet war: Sascher Gunt von Poel, wohnhaft in da Gast.

Als die Frage nach der dazugehörenden Euroscheckkarte oder seinem Ausweis kam, war der Herr leicht genervt und meinte nur, sein Name sei wie auf dem Scheck verzeichnet, Sascher Gunt von Poel, den habe man zu kennen, er zeige nie seinen Ausweis. Er lief rot an: „Mich auszuweisen mit einem amtlichen Dokument oder gar einem Stück Plastik habe ich nicht nötig."

So war es der Ladenbesitzerin eine offensichtliche Freude, ihn um Verständnis zu bitten – sie kenne ihn ja nicht persönlich, „daher die Bitte um die Scheckkarte, allerdings nur dieses eine Mal, in Zukunft brauchen Sie sich in diesem Geschäft selbstverständlich nicht mehr auszuweisen".

Immer noch sehr erregt und mit der Bemerkung, das sei ihm noch nie passiert, holte er die Karte aus der Jacke, zeigte sie und unterschrieb seinen Scheck. Er verließ den Ort seiner vermeintlichen Niederlage ohne die Stiefel, die ließ er später abholen, was er im Hinausgehen noch knapp ankündigte.

Wie angekündigt, erzählte mir 77 über 71, kam am nächsten Tag ein Mann aus Gunt von Poels Team mit der Bemerkung, das werde Herr Gunt nie vergessen, dass er zwar auf der ganzen Welt kreditwürdig und bekannt sei, aber nicht in einem Schuhgeschäft auf St. Pauli. Ohne weitre Bemerkung verließ der Adlatus das Haus mit der Nr. 77.

Viel Geld nützt nicht immer, es erspart vor allem auch nicht das Mitführen einer Legitimation.

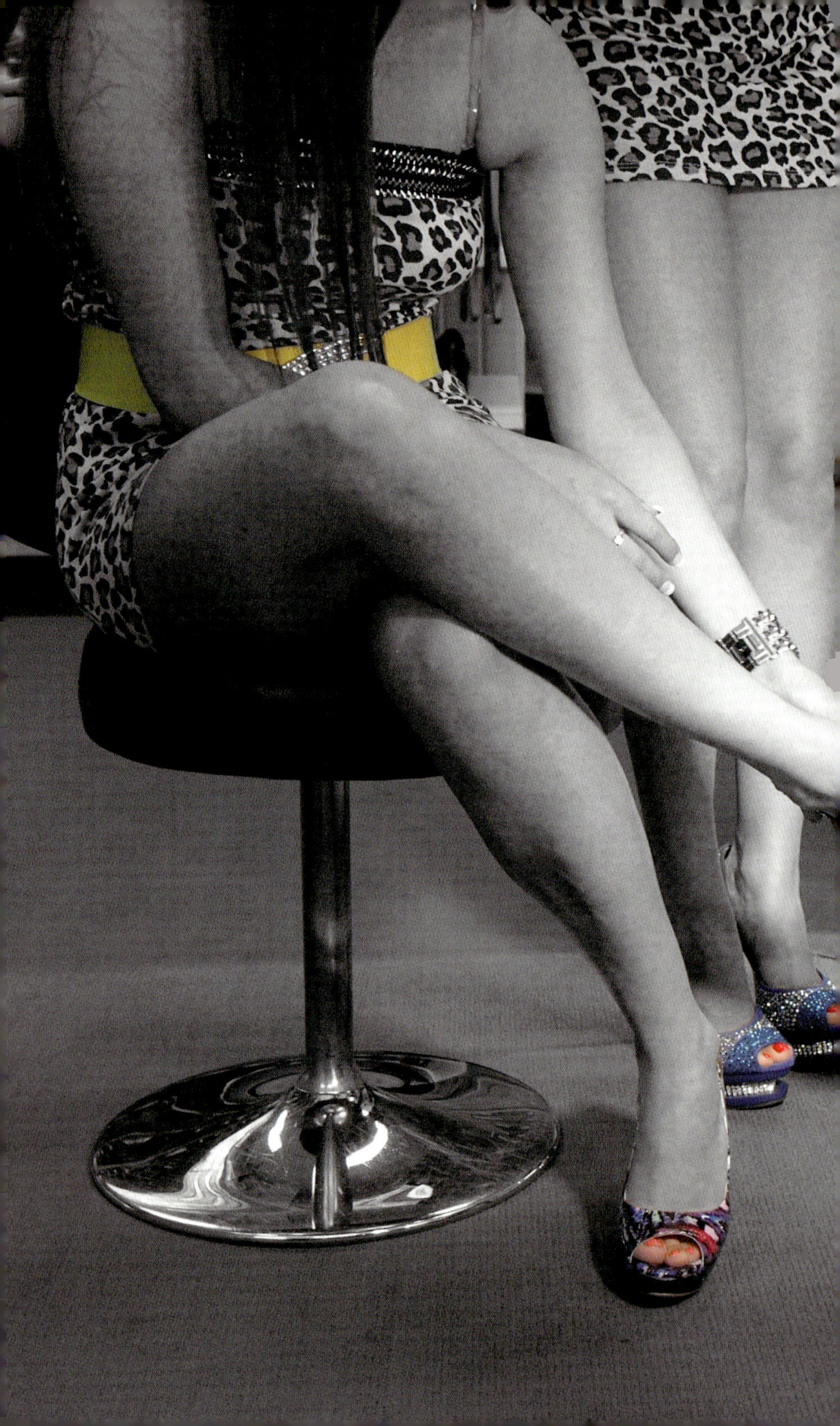

Alfke

Auch in Boutiquen kommen die „feinen Leute des Nachtlebens" gerne auf einen Plausch vorbei, hier in Hamburg sagt man „auf einen Snack längstüddeln". Gelegentlich erwerben sie dort auch Schuhe. Warum und wie es sich aber „aussnackt", erfuhr Ute in ihrer letzten Arbeitswoche bei einem Snack mit Stammkundin Fabienne – und wurde dabei ein wenig bleich.

Er ist eher klein, dick, hat ein rundes, sonnengebräuntes Gesicht, denn Alfke – so der regelmäßige Boutiquenbesucher – macht regelmäßig Urlaub im Süden, denn er hat ja „sooooo viel Tied (Zeit)" und natürlich auch genügend Geld. Woher das kommt, sagt er nicht, Ute ahnt es aber. Er jedenfalls freut sich jeden Tag des Lebens, berichtet Fabienne.

Herr Alfke, so ruft ihn jeder, der ihn kennt, ja, dieser Herr kauft am liebsten schwarz-weiße Schuhe. Er sagt, wenn er mit diesen Schuhen herumgeht, denken alle an Al Capone, den bekannten Amerikaner mit italienischen Wurzeln aus der „guten alten Zeit". Sein Auftreten ist dem in Filmen über diesen Gangster schon sehr ähnlich, wie er sich dreht und lacht, mit den Fingern schnippt und immer einen Witz parat hat.

Er weiß genau, was Frauen lieben, davon hat er in seinem „Sortiment" ja „verschiedene Nationalitäten", aber Fabienne sagt, er mag sie alle und er hat sie alle lieb und sie lieben ihn, denn er verwöhnt sie auch.

Drei Wochen vor Fabiennes Bericht sollten für Alfke ein paar neue schwarz-weiße Schuhe her. Beim Anprobieren musste er sich bücken, mühte sich ab, das fiel ihm schwer, er atmete ziemlich angestrengt, so sehr, dass die kleinen Federn, die als Schmuck an den Schuhen hingen, sich durch seinen Atem bewegten.

Nachdem er sich in seinem Lieblingsgeschäft wieder mit neuen schwarz-weißen Tangoschuhen ausgestattet hatte, strahlte er und tanzte damit aus dem Geschäft.

Es vergingen über zwei Wochen, in denen Herr Alfke nicht auf dem Kiez auftauchte. Fabienne und ihre Kolleginnen machten sich schon Sorgen um „ihren" Casanova, denn sonst hatte er sich fast täglich auf der Reeperbahn blicken lassen – und war dabei unübersehbar.

Keiner wusste, wo er war, doch dann fand man sein Auto in einer Tiefgarage, im Kofferraum fand man ihn, er war leider tot. Entsetzlich traurig, der Casanova tot, er war doch so ein lieber Mensch. Was Fabienne in einem Gespräch auf der Davidwache aufgeschnappt hat, hat sie, so berichtete sie Ute, ein wenig getröstet: Die schwarz-weißen Schuhe, die hatte er immer noch an den Füßen.

Der Eiffelturm

Das kann doch nicht wahr sein, immer das gleiche Problem, er kriegt „ihn“ schon wieder nicht hoch! Warum? Im Job ist er ein erfolgreicher Anwalt aus Paris, aber privat hat er das Verlangen, auch mal zu gehorchen. Nein, er will sogar kriechen und unterwürfig sein, und dazu braucht er Schläge und Qualen will er erleiden. Das macht ihn an, das will er alles und darum kommt er immer wieder nach Hamburg. Hier kennt er schon die Adressen der Dominas, die ihn dann quälen, schlagen und beschimpfen. Und siehe da, sein „Lümmel“ steht kerzengerade, es kommt ihm vor, als sei er hart wie Stein und rage steil gen Himmel. Schön ist er gerade nicht, dieser französische Pimmel. Es gehört Bernhard aus Paris.

Nun ist es Wochenende und Bernhard kommt mal wieder nach Hamburg. Er will zu einer Domina, ich soll ihn begleiten. Neugierig bin ich schon etwas, also gehe ich mit. Wir fahren an den Stadtrand von Hamburg und klingeln an einem schönen Haus. Bernhard hat sicherlich vorher schon den Preis und natürlich auch den Termin klargemacht. Was er nun bezahlen muss, weiß ich nicht, aber unter 500 € geht da gar nichts.

Nach einem Augenblick öffnet eine große, schöne Blondine mit wunderschönen langen Haaren und endlos langen Beinen in hochgeschnürten langen Stiefeln die Tür. Sie ist ganz in schwarzes Leder gekleidet und ihr knappes schwarzes Ledermieder lässt die Brüste hervorquellen. „Richtig geil sieht sie aus“, denke ich mir. Sie lächelt ihn an und Bernhard strahlt über sein ganzes Gesicht bei diesem ersten Blickkontakt. Bernhard nimmt sie zur Seite und die beiden flüstern. Ich höre auch extra weg und lausche dem Springbrunnen im großzügigen Eingangsbereich. Wahrscheinlich wird die ursprünglich geplante Zeremonie verändert, denn sie kennen sich schon länger. Ich werde erst einmal „abgeschoben" und die beiden verschwinden im unteren Geschoss.

Es dauert eine ganze Weile. Sie kommen beide die Treppe hoch. „Mammamia, ich glaube es nicht", kommt es fast aus meinem Mund. Ist es wirklich Bernhard? Was hat sie aus ihm gemacht, er wird wie ein Hund am Halsband geführt. Bernhard ist splitternackt und an seinen Brustwarzen hängen Gewichte und Nadeln durchstechen seine Warzen. „Das muss doch schmerzen", denke ich. Alles zieht in Richtung Boden und damit nicht genug: Sein französischer „Sack" hängt lang und armselig zwischen seinen Beinen, spärlich behaart und irgendwie sieht dieser Sack so traurig aus: Er ist geschmückt wie ein Tannenbaum zu Weihnachten. Es sind lauter kleine Spieße, Nadeln, Gewichte und Ähnliches daran dekoriert. „Na gut, wenn es ihn anmacht", denke ich. Ich kann nur staunen und finde es lustig, was man mit einem französischen Sack so alles machen kann.

Die Domina lacht und zwinkert mir zu. Sie denkt sicherlich über mein erstauntes Gesicht nach. Na ja, ich habe so etwas schließlich ja noch nicht erlebt. Komm, sagt sie, wir gehen jetzt ins Kabinett. Ich bekomme einen großen Sessel und fühle mich wie im Theater.

Nun, die Show kann beginnen. Die Domina nimmt eine lange schwarze Peitsche mit ganz kleinen Kugeln an der Spitze der Lederstriemen. Sie wippt mit der Peitsche auf seinem Lümmel hin und her. Es gefällt ihm und er verzieht wollüstig sein

Gesicht. Es macht ihm Spaß und er genießt in vollen Zügen dieses Gefühl. Er stöhnt und wird immer lauter! „Mehr, mehr", ruft er. „Ich will mehr!" Die Domina schlägt fester und immer etwas schneller. „Der ‚Pimmel' steht kerzengerade wie der Eiffelturm in Paris", denke ich in diesem Moment. Die Domina dreht inzwischen an seinen Brustwarzen herum und er wimmert vor Geilheit. Sie dreht fester und fester, und die Peitsche beginnt im Rhythmus zu tanzen und zu schlagen. Nun fängt sie an, an allen Gewichten zu drehen und zu drücken.

„Autsch", denke ich, „das ist ja gruselig." Sie fragt mich und lacht dabei: „Willst du auch mitspielen?" „Nein, nein, auf gar keinen Fall", antworte ich und drücke mich fester in den Sessel hinein, als wollte ich untertauchen. Ich warte und hoffe, dass dieses Spiel bald ein Ende hat. Doch nun bekommt Bernhard noch eine Maske aufgesetzt und er kann nichts mehr sehen. Wie er da so hilflos und ausgeliefert liegt! Er hat keine Chance mehr. Die Domina zieht Handschuhe an und nimmt den Eiffelturm in ihre Hand. Jeder Griff, den sie nun macht, weckt einen Schrei aus der Maske. Schreien und Stöhnen. Der Eiffelturm zuckt und ruckt und bäumt sich noch mehr auf. Bernhard schreit und stöhnt so sehr, dass ich erschrecke. Ob er keine Luft mehr bekommt?

Die Domina lässt von ihm ab. Der Eiffelturm klappt und bricht zusammen. Es ist schon ein trauriger Anblick, wie das Gebäude zusammenkracht, „alles futsch". Die Domina lacht zu mir rüber und ich weiß gar nicht, ob das noch lustig ist. Ich will so etwas nicht nochmal erleben.

Nun sehe ich diesen Anwalt mit ganz anderen Augen und der Respekt ist irgendwie dahin. Ich könnte mit so einem

Mann niemals vögeln, denn wenn ich mir jetzt das ganze Gebimmel ansehe, ist da von Erotik nichts mehr zu sehen. Jetzt weiß ich endlich, woher das Wort „Schlappschwanz“ stammt, denn der hängt nun vor mir rum.

Ich weiß es wahrhaftig, Vögeln mit dem Eiffelturm ... ist unmöglich! Bei mir wäre Streiken angesagt.

Bernhard hat mich dann zum Essen eingeladen. Er war entspannt und sah sehr glücklich aus sowie gestärkt für die Gerichtsverhandlungen, die nächste Woche folgen würden. Ich hatte keine Lust und kein Verlangen mehr, hatte irgendwie Mitleid mit ihm. Schade, er ist doch eigentlich ein netter Kerl. Jetzt ist mir auch klar geworden, warum dieser Herr so gerne nach Hamburg kommt.

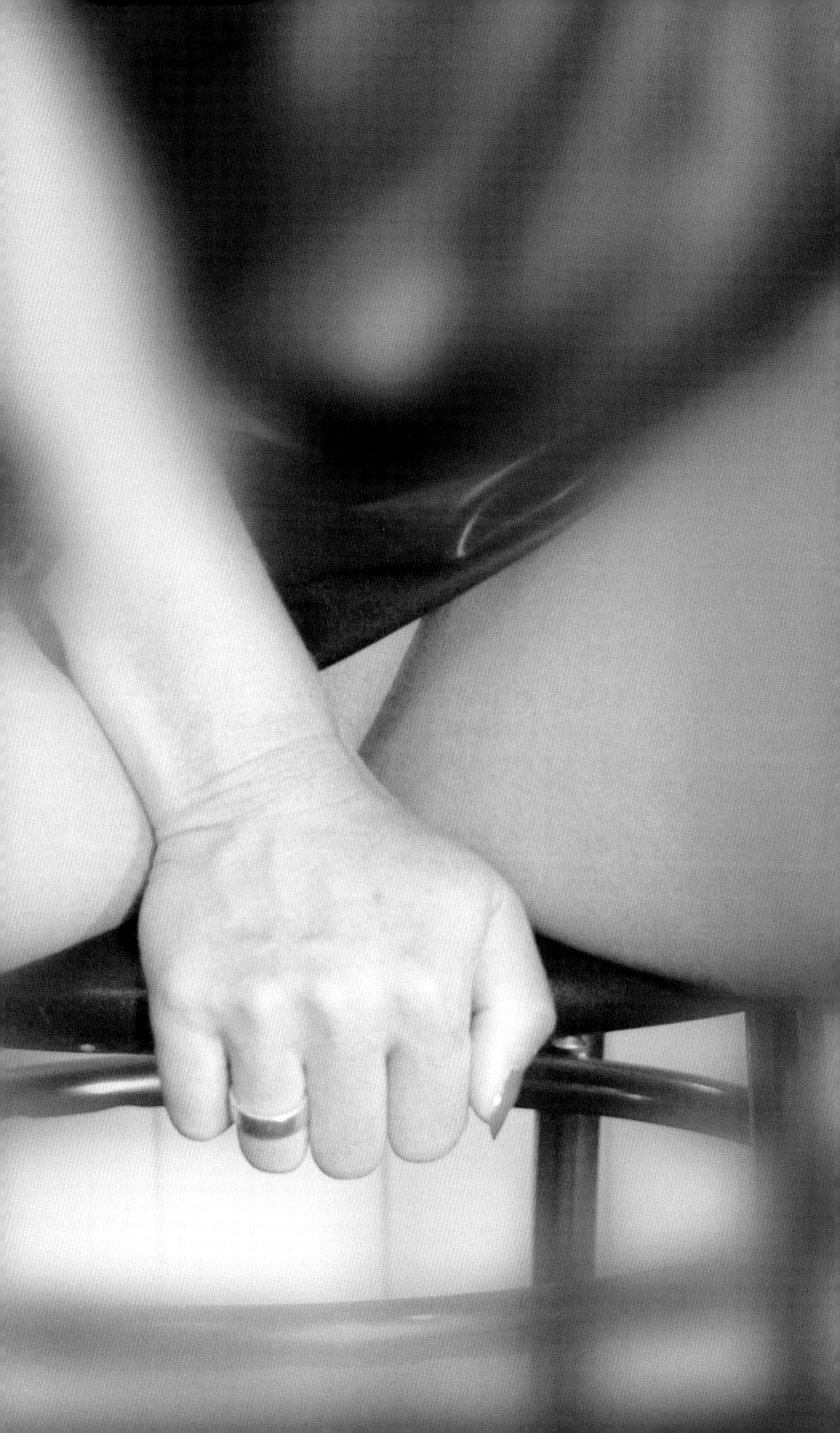

Der Prominententreff

Da mein Schuhgeschäft im Herzen von der Reeperbahn auf St. Pauli zu finden ist, befindet sich das alte Theater fast direkt nebenan und zwei Häuser weiter seit vielen Jahren nun das Schmidt Theater und das Schmidts Tivoli. Da arbeitet insbesondere bei den Gastspielen viel „buntes Volk“, es sind ständig prominente Künstler unter Vertrag, mit ihnen haben wir auch viel Kontakt.

In der Theaterpause kommt mal ganz schnell Frau Kaarrö Mick vorbei, mit den Lockenwicklern auf dem Kopf, braucht ganz schnell ein Paar Schuhe mit höheren Absätzen, probiert an, ganz schnell einen Spagat, eine Drehung, noch mal auf den Boden, wieder hoch ... Sie ist zwar etwas aus der Puste, schließlich ist sie schon 75 Jahre. „Gekauft“, sagt sie und schon ist sie wieder draußen.

Oder Else Kommer: Sie trägt gerne Stiefel, schön hoch, mit viel Verzierungen, „alles für Beverly Hills“, da lebe sie und Italo-Mode möge sie sehr. Auch das Old Gategen Quartett brauchte weiße Stiefel, die Probe gleich an Ort und Stelle, vor dem Spiegel im Gleichschritt.

Eine große Dame, deren Name ich hier verschweige, eine berühmte Hamburger Schauspielerin, war im St. Pauli Theater engagiert. Es war schon 19 Uhr am Abend, als sie mit ihrer Managerin im Geschäft erschien. Man habe ihre Bühnenschuhe gestohlen, ohne die bequemen Treter könne sie nicht spielen. Es müsse nun alles sehr schnell gehen, denn das Theater werde bald geöffnet.

Guter Rat war teuer, inmitten unserer High Heels und Stilettos für eine Dame fortgeschrittenen Alters etwas zu finden, war kaum möglich. Lange, hochgeschnürte Stiefel mit erotischen Bändern – für eine sehr geschätzte, seriöse Schauspielerin, nein, das geht zu weit.

Aber zum Glück gab es noch ein Paar alteingelagerte Schuhe, passend für das Theaterstück und zu den geplagten Füßen. Die Dame verließ sehr zufrieden mit den Tretern unseren Laden und eilte in das Theater.

Auch sehr bekannte Promis mit ganz speziellen Wünschen sind von mir gut beschuht worden, weder nenne ich hier Namen noch Vorlieben.

Sehr lustig war auch, als ein bekannter Hamburger Musikproduzent unserem Geschäft einen Gefallen tun konnte. Als er auf meinen Wunsch hin schnell ein paar sexy Stiefel ins Bordell lieferte, kam es zu einer Situation der besonderen Art. Das Liebesmädchen fragte ihn ganz erstaunt, wer er denn wäre, sie hätte ihn vorher nie gesehen. „Ich heiße Udo und mir geht es finanziell nicht so gut, daher muss ich mir ein bisschen nebenbei verdienen, darum mache ich Botengänge in den Abendstunden.“ – „Ach, du armes Schwein, hier hast du zwanzig Euro, mehr kann ich dir nicht geben“, sagte sie und drückte ihm das Geld in die Hand.

So könnte man die Geschichten, die kleinen menschlichen, weitererzählen, doch ich denke, der kurze Einblick genügt schon mal, und überlasse meinen Lesern und ihrer Fantasie die Fortsetzung der Geschichten aus dem Prominententreff. Welche Prominenten habe ich möglicherweise nicht erkannt?

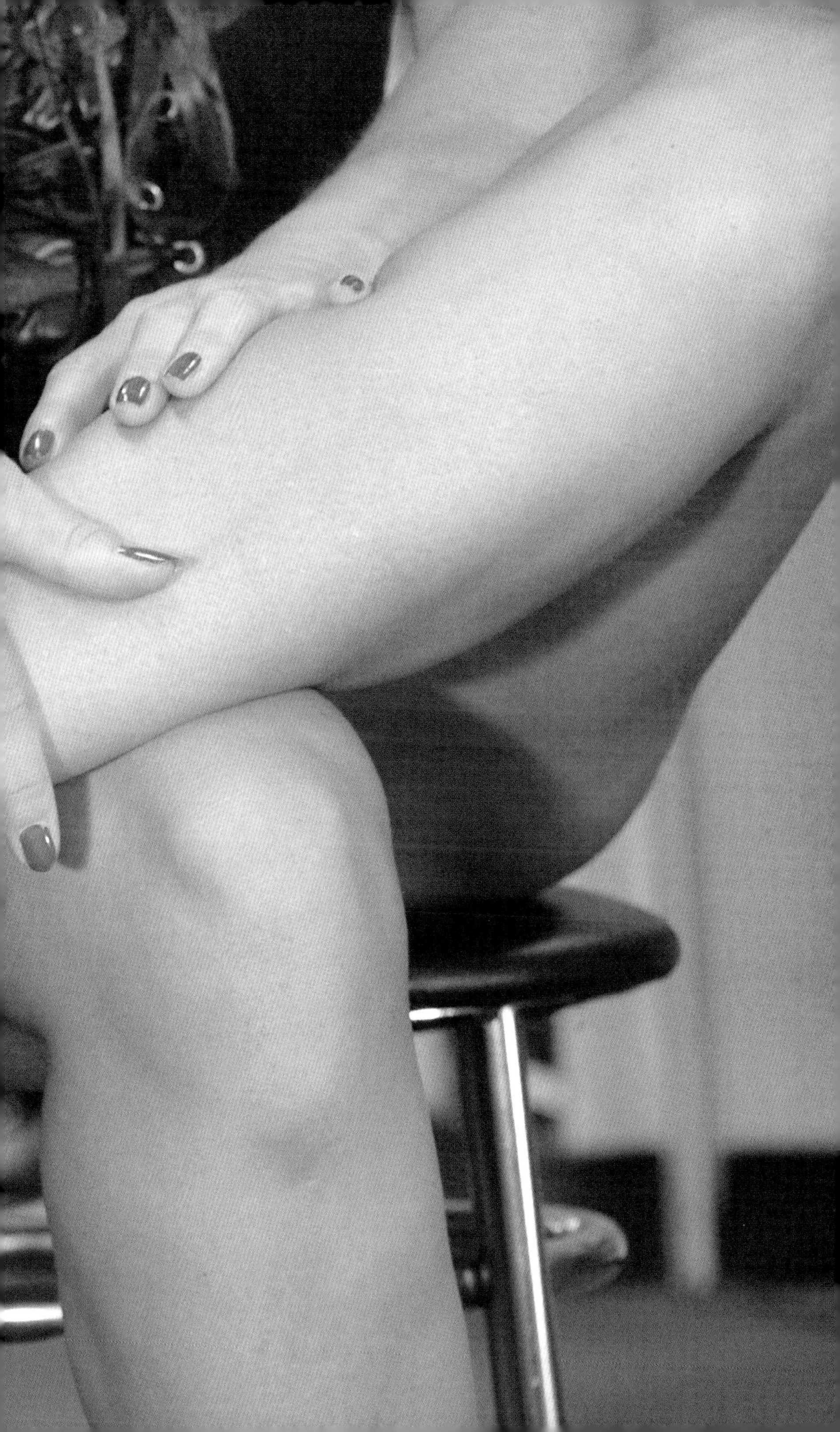

Die achtziger Jahre

Es war einmal – so fangen berühmte Märchen an.

Nur das Folgende ist wirklich kein Märchen, denn es geschah in den 1980er Jahren, als auf der sündigen Meile noch vieles in Ordnung war. Man kannte sich, man traf sich häufig, gerne auch in meinem Schuhladen. Die schönen Mädchen verdienten sehr viel Geld, das saß auch immer locker, denn täglich kam ja Nachschub. Besonders schön anzusehen war das attraktive Aussehen der Damen, der teure Schmuck an Hals und Handgelenk. Wie schön leuchteten die Ringe an den sehr gepflegten Händen. Ja, man staunte täglich aufs Neue, wie das bunte Treiben auf der Meile verlief.

Die Geschäfte hatten auch ihre Namen, so gab es die GmbH, das waren die Gesetzten, die mit mehr Erfahrung, die irgendwie den Ton angaben, sie sorgten für ein geregeltes Leben, für eine gewisse Ordnung: Sie hatten ihre eigenen Gesetze, die wir allerdings nicht kannten, denn wir waren zwar mittendrin, aber doch Außenseiter.

Gerd, Mischa, Beatle, Harry, das waren die „Kings von der Reeperbahn", sie hatten gut laufende Bordelle, darin arbeiteten sehr viele Frauen, denen das aber meiner Ansicht nach gefiel, und es ging ihnen sicherlich gut. Es war sogar immer wieder von großer Liebe die Rede, die Mädchen schwärmten von ihren Männern, keine hätte je ein böses Wort über ihren „Schatz" gesagt. Wenn sie erzählten, wurde mir klar, „die stehen tausendprozentig hinter ihrem Mann".

Ich mochte diese Herren auch sehr gerne, denn sie waren immer gut aufgelegt, sie hatten geile Sprüche drauf und optisch hätte ich so manch einen auch nach Hollywood empfohlen. Die sahen oft klasse aus, die Kleidung: lässig, teuer, immer der neueste Look. Manchmal kam man aus dem Staunen kaum heraus. Nicht zu vergessen der Duft: teures Parfum, man hätte gerne mal näher geschnüffelt – nein, das ging natürlich nicht. Abstand war oberstes Gebot, denn die Frauen wären nicht erfreut über zu viel Nähe gewesen, die hätte Eifersucht erzeugt, das ging gar nicht.

Dann die Konkurrenz, die Nutella-Bande, die Nutellas, sie waren junge, hübsche Burschen, sie waren jünger als die GmbH. Weil Nutella ein süßer Brotaufstrich für Kinder ist, meinte man, die Jungs seien noch feucht hinter den Ohren. So richtig feucht waren die dann doch nicht, denn die hatten tolle Mädchen in ihren Bordellen, manch einer „bis zu zehn auf einem Strich", der war dann auch der Aufreißer, denn die Frauen wurden schon bei seinem Anblick schwach. Zugegeben, er sah schon klasse aus, daher war es für ihn leicht, Mitarbeiterinnen zu finden. So war der Kampf um die schönsten Frauen täglich angesagt.

Besonders stolz waren sie auf ihre Autos, da röhrte es oft ordentlich auf der Straße, ja es waren sehr ansehnliche Karossen, da hätte man gerne mal eine Rallye mitgemacht. Porsche, Ferrari, Lamborghini, Mercedes 500, BMW ... Superklasse, die Farben waren natürlich Sonderlacke, die man sonst nirgendwo sah, denn sie wurden wirklich für diesen Kunden extra angemischt, die hatte niemand. Jedes Auto war ein Unikat und es war ein Statussymbol.

Ein besonderes Erlebnis war: Wenn ich mit meinem kleinen Auto kam, wurde ich belächelt. Da ich in jungen Jahren auch nicht gerade hässlich war, wollten mir die Herren der Reeperbahn immer einen neuen Job anpreisen. „Den Job“ kannte ich ja zu Genüge, außer einem ablehnenden Schütteln des Kopfes mit freundlichem Lächeln hatte ich nichts zu bieten, dann wussten die Typen für immer Bescheid.

Lustig war auch die erste Begegnung mit einer der Banden in meinem Geschäft liegt schon länger zurück, es war ziemlich am Anfang nach meiner Ausbildung. Für mich war zwar manches Neuland, aber was gutes Benehmen bedeutet, wusste ich schon. Es kamen also zwei Herren der Nutellas in das Geschäft, als ich gerade mit einer Kundin beschäftigt war.

Die beiden meinten nun, weil sie von der Kleidung her einen besonderen Auftritt hatten, alle würden strammstehen. Als ich darauf bestand, dass ich der Chef in der Runde bin, waren sie sehr überrascht, denn sie waren gewohnt, dass die Mädchen gehorchen, und bei mir war es genau umgekehrt. Nach einigem Flachsen, auch etwas direkter, stand fest, ich war der Chef. Von nun an wurde ich mit viel Respekt behandelt. So blieb es auch die ganzen Jahre.

Für den Fall, dass Probleme besonderer Art auftraten, hatte ich eine geheime Telefonnummer, die war besser als die der Davidwache, denn bis das Protokoll geschrieben war, „war unser Fall schon erledigt“.

So ganz aufgeben wollte manch einer der Herren nicht, denn es kamen zeitweise schöne bunte Blumensträuße in den Laden, das gefiel mir sehr, nur damit konnte man mich doch nicht locken, blond kann auch nachdenken!

Heute jammern noch einige aus den achtziger Jahren Verbliebene diesen Erlebnissen nach, doch „the times they are a-changin“, die Zeiten ändern sich – und diese Zeiten sind vorbei.

Autorin Susan Lawrence

Heiße Sohlen und coole Texte, vom Schuh zum Buch. Die schicke Schuh-Queen macht auch als Autorin und Sängerin eine gute Figur.

Die bildhübsche Pfarrerstochter (unter uns Pastorentöchtern, sie ist so schön, dass es einem fast die Schuhe auszieht) trifft Cisco Berndt, tritt mit seiner Band auf, doch als er Truck Stop gründet, steigt sie aus. Nur Country will sie nicht singen.

Im elterlichen Schuhsalon lässt sich immer viel Prominenz blicken. Dort ist sie die Königin über 10.000 Puschen, Pumps und Pantoletten. **Schuh Messmer** auf der Reeperbahn 77 hat die edelsten, aber auch schrägsten Schuhe der Stadt. Es ist das älteste Schuhgeschäft in Hamburg. Im großartigen Buch „111 Gründe Hamburg zu lieben" (Schwarzkopf & Schwarzkopf) ist einer der „Gründe" ihr gewidmet, weil sie „die schärfsten Schuhe auf der Reeperbahn" hat! Von ihrer Mutter hat sie „Schuh Messmer" – direkt an der Davidwache auf der Reeperbahn – geerbt, die Promis, Liebesdamen und Hamburg-Touristen geben sich dort die Klinke in die Hand. Das mittlerweile fast 170 Jahre alte Haus ist heute längst Kult! Und dann kommt eines Tages ein berühmter Musikproduzent und sagt: **„Susan Lawrence, Sie haben das Zeug zum Star."**

Vom Schuh zur Schallplatte. Das energiegeladene 1,58 m große Power-Persönchen ist mit frechen, stimmungsvollen Liedern von „ChansonPop" bis „CountryChanson" in seinem Element. Die Veranstalter wissen: Wo sie auftritt, wird's erotisch-sexy. Und in den TV-Shows wie „Lieder so schön wie der Norden" wird endlich klar, warum die Sendungen so heißen. Sie komponiert auch mit: „Für Dich hab ich mir extra die

Beine rasiert", „Die blauen Jungs von der Reeperbahn", „Das Mädchen von der Kastanienallee" ... „In Hamburg ist noch Licht an" erobert den Grand Prix der Volksmusik, ihr „Ich habe Country nicht erfunden" steht sieben Wochen auf Platz 1 der NDR-Hitparade.

Zwischendurch designt die singende Beauty-Queen immer wieder mal eigene Schuh-Kollektionen. Und schreibt.

Foto: privat

In Reeperbahngeflüster erzählt die kreative Vielseitige aus ihrem bunten Leben mitten auf St. Pauli, zwischen Stars und Stilettos, Lack und Lust, Promis und Pumps. Nicht wenige Geschichten beginnen und enden in ihrem Schuhsalon. Pikant, prickelnd und mit einem augenzwinkernden Schuss Humor – aber immer mit Stil! Wie sie selbst.

Schon das Vorab-Medienecho zum Buch zeigte: Susan Lawrence trifft das Interesse ihres Publikums.

(Ganz schön) Blond und Clever passen doch zusammen!

Danksagung
Jürgen Rau (www.schallundrau.de) stellte uns diese Biographie, erstmals erschienen in seinem sehr empfehlenswerten Buch „Hamburg, Deine Perlen – die einzigartige Musikszene der Hansestadt", zur Verfügung. Herzlichen Dank auch für Deine Unterstützung beim Marketing für dieses Buch!

Besonderer Dank auch an unsere Fotomodelle, George Moslener, Hans-Peter Walter sowie viele weitere „helfende Hände".

Foto-Locations und fotografierte Personen
Olivia Jones, Seite 44–47 und 108–113
Schmidt Theater, Seite 62–63,
Touch SM Nightclub, Seite 36–39, 96–99 und 128–129, www.touchclub.de
sowie Melissa im Touch SM Nightclub melissadevot@web.de: 35, 130–131

Reeperbahngeflüster
Fotografien von Ralf Plenz
Input-Verlag Hamburg 2012
Rote High-Heels
Fällt mehr als nur ein Träger?
Ein raffinierter Reißverschluss

Sofort lieferbar

Die schönsten signierten 6, 12 oder 24 Fotos aus Reeperbahngeflüster und das signierte Buch gibt es in einer edlen Mappe. Sie können die Mappe individuell nach Ihren Wünschen auf der Reeperbahn in Haus Nr. 77 zusammenstellen.

Ankündigung

Das nächste Buch von Susan Lawrence über die Reeperbahn und sein Umfeld wird bald erscheinen. Sein Arbeitstitel:
Reeperbahngeraune
17 pikante Geschichten
aus den 80er Jahren

Die „tanzenden Türme“ im September 2012, das neue Wahrzeichen der Reeperbahn. Ähnlich sind einige der Menschen, die Susan Lawrence in diesem Buch beschreibt: ungewöhnlich, schräg und etwas abgedreht.